Ce livre appartient à :

POUR TROUVER L'INSPIRATION

Suis-nous sur les réseaux sociaux :

@JUNEANDLUCY

@JUNEANDLUCY

WWW.JUNELUCY.COM

Tu aimes les goodies ? Alors inscris-toi à notre newsletter en nous écrivant à **freebies@junelucy.com** et reçois des petits cadeaux bonus, des réductions et des informations commerciales. Indique le titre du livre que tu as acheté dans la ligne objet de ton courriel.

Achète nos autres livres sur
www.junelucy.com

Questions et service clients : écris-nous par courriel à l'adresse suivante
support@junelucy.com

INTRODUCTION

Maitriser les compétences de base en mathématiques dès le plus jeune âge offre aux enfants une structure solide dont ils auront besoin à travers leurs années formatrices jusqu'à l'âge adulte. Posséder une certaine aisance avec les chiffres et les maths ouvre la voie pour une plus grande réussite scolaire. Sans parler du fait que les maths sont présentes partout, depuis les structures que la nature nous offre jusqu'à la monnaie qu'on reçoit à la boulangerie.

Ce livre propose des heures d'exercices et d'entrainement qui permettront aux enfants de devenir de petits experts en maths dans leur niveau de compétences. Lorsque les jeunes élèves s'installent à leur bureau pour effectuer des exercices chronométrés, ils peaufinent leur rapidité d'exécution et leurs capacités à effectuer une opération, des compétences qui ne les quitteront plus.

QUELQUES CONSEILS POUR L'UTILISATION DE CE LIVRE :

- Les premiers tests sont d'un niveau basique et augmentent en difficulté au fil des pages. Ton enfant peut choisir d'effectuer tous les exercices dans l'ordre dans lequel ils sont proposés, mais il peut tout aussi bien choisir de passer d'une sorte d'exercices à une autre.
- La compétence testée est indiquée clairement en haut de chaque page.
- De nombreuses opérations peuvent être effectuées dans l'espace fourni. Cependant plus le niveau de difficulté augmente, plus l'enfant aura besoin de place. Garde alors un brouillon à portée de main pour qu'il puisse poser les opérations plus complexes.
- Il pourra se chronométrer à l'aide d'une montre-chrono ou du chronomètre de ton smartphone OU il pourra faire les exercices à son rythme.
- Les réponses aux exercices se trouvent en fin de livre. Cela vous permettra, à toi et à ton enfant, de vérifier ses résultats.

1 ADDITIONS À TROIS CHIFFRES

NOM : DATE : TEMPS : SCORE OBTENU : /42

945 +346 (1)	170 +963 (2)	358 +446 (3)	568 +581 (4)	785 +978 (5)	752 +387 (6)
978 +966 (7)	872 +272 (8)	767 +604 (9)	447 +749 (10)	223 +364 (11)	527 +570 (12)
940 +426 (13)	817 +682 (14)	510 +396 (15)	985 +777 (16)	988 +845 (17)	143 +135 (18)
329 +127 (19)	213 +962 (20)	420 +867 (21)	785 +593 (22)	760 +580 (23)	853 +828 (24)
510 +114 (25)	904 +935 (26)	182 +766 (27)	362 +379 (28)	959 +881 (29)	244 +391 (30)
390 +699 (31)	172 +129 (32)	335 +776 (33)	791 +182 (34)	349 +992 (35)	205 +969 (36)
233 +805 (37)	414 +260 (38)	694 +817 (39)	533 +455 (40)	753 +695 (41)	147 +702 (42)

ADDITIONS À TROIS CHIFFRES

2

NOM :	DATE :	TEMPS :	SCORE OBTENU : /42

983 +907 1	969 +437 2	319 +544 3	925 +978 4	147 +262 5	797 +277 6
616 +794 7	781 +565 8	228 +629 9	394 +400 10	855 +840 11	302 +364 12
708 +553 13	238 +919 14	513 +129 15	433 +292 16	514 +104 17	538 +464 18
460 +107 19	860 +597 20	226 +505 21	718 +230 22	696 +980 23	294 +955 24
647 +969 25	368 +964 26	693 +689 27	335 +463 28	589 +982 29	748 +743 30
698 +159 31	160 +756 32	460 +772 33	223 +761 34	279 +354 35	329 +214 36
492 +500 37	926 +982 38	128 +790 39	221 +519 40	327 +299 41	602 +449 42

3

ADDITIONS À TROIS CHIFFRES

NOM : DATE : TEMPS : SCORE OBTENU : /42

149 +436 1	446 +561 2	860 +774 3	459 +373 4	568 +639 5	934 +303 6
127 +460 7	905 +745 8	710 +794 9	796 +584 10	829 +780 11	528 +802 12
648 +291 13	464 +689 14	162 +347 15	904 +828 16	342 +627 17	437 +245 18
531 +129 19	650 +334 20	500 +984 21	305 +115 22	543 +669 23	666 +306 24
696 +920 25	157 +734 26	292 +597 27	349 +945 28	304 +398 29	732 +337 30
657 +364 31	192 +812 32	938 +948 33	639 +478 34	385 +459 35	747 +919 36
701 +640 37	769 +113 38	270 +302 39	209 +423 40	934 +481 41	701 +442 42

ADDITIONS À TROIS CHIFFRES

4

NOM : DATE : TEMPS : SCORE OBTENU : /42

318 +403 (1)	658 +552 (2)	496 +835 (3)	872 +320 (4)	213 +522 (5)	112 +561 (6)
765 +479 (7)	310 +821 (8)	722 +812 (9)	674 +411 (10)	705 +187 (11)	853 +318 (12)
166 +791 (13)	646 +430 (14)	625 +755 (15)	958 +839 (16)	183 +788 (17)	922 +894 (18)
473 +438 (19)	457 +546 (20)	289 +227 (21)	423 +218 (22)	731 +272 (23)	396 +484 (24)
499 +312 (25)	198 +497 (26)	500 +784 (27)	146 +514 (28)	460 +456 (29)	879 +334 (30)
399 +585 (31)	389 +452 (32)	132 +250 (33)	420 +589 (34)	222 +432 (35)	739 +854 (36)
502 +500 (37)	719 +726 (38)	183 +519 (39)	125 +700 (40)	137 +112 (41)	146 +490 (42)

5

ADDITIONS À TROIS CHIFFRES

NOM : DATE : TEMPS : SCORE OBTENU : /42

622 +574 (1)	536 +864 (2)	975 +753 (3)	837 +483 (4)	223 +301 (5)	274 +690 (6)
951 +600 (7)	356 +178 (8)	232 +830 (9)	914 +180 (10)	442 +576 (11)	652 +416 (12)
155 +508 (13)	294 +924 (14)	271 +203 (15)	484 +535 (16)	295 +938 (17)	993 +993 (18)
523 +599 (19)	670 +527 (20)	590 +533 (21)	139 +117 (22)	304 +563 (23)	105 +368 (24)
303 +582 (25)	486 +485 (26)	105 +272 (27)	740 +228 (28)	533 +552 (29)	446 +261 (30)
853 +807 (31)	594 +245 (32)	560 +537 (33)	471 +718 (34)	109 +724 (35)	748 +302 (36)
369 +530 (37)	758 +750 (38)	163 +796 (39)	422 +344 (40)	337 +255 (41)	638 +670 (42)

ADDITIONS À TROIS CHIFFRES

6

NOM :	DATE :	TEMPS :	SCORE OBTENU : /42

924 +700 1	278 +675 2	378 +285 3	821 +132 4	966 +583 5	136 +963 6
905 +905 7	827 +411 8	318 +378 9	712 +221 10	606 +374 11	247 +491 12
758 +294 13	644 +993 14	575 +158 15	993 +715 16	120 +753 17	987 +110 18
355 +165 19	551 +678 20	804 +227 21	196 +831 22	186 +909 23	367 +117 24
243 +165 25	477 +837 26	436 +673 27	716 +708 28	390 +984 29	295 +805 30
969 +557 31	717 +592 32	854 +447 33	276 +252 34	502 +384 35	974 +667 36
281 +181 37	858 +533 38	408 +178 39	429 +304 40	480 +311 41	699 +261 42

7 ADDITIONS À TROIS CHIFFRES

NOM : DATE : TEMPS : SCORE OBTENU : /42

306 +966 1	754 +410 2	582 +652 3	483 +975 4	318 +822 5	556 +168 6
566 +968 7	692 +850 8	747 +610 9	438 +527 10	830 +491 11	411 +167 12
455 +724 13	521 +685 14	476 +342 15	813 +343 16	714 +708 17	700 +262 18
716 +811 19	504 +975 20	221 +679 21	128 +640 22	813 +827 23	307 +738 24
859 +870 25	863 +147 26	216 +522 27	825 +974 28	990 +310 29	381 +846 30
870 +774 31	916 +172 32	602 +444 33	965 +295 34	194 +157 35	759 +497 36
783 +524 37	996 +421 38	766 +687 39	742 +267 40	290 +269 41	981 +523 42

ADDITIONS À TROIS CHIFFRES

8

NOM :	DATE :	TEMPS :	SCORE OBTENU : /42

237 +652 1	416 +839 2	125 +951 3	644 +576 4	352 +837 5	338 +248 6
413 +372 7	830 +802 8	848 +574 9	800 +898 10	791 +845 11	643 +274 12
778 +784 13	452 +906 14	111 +925 15	832 +311 16	552 +359 17	544 +387 18
644 +872 19	270 +306 20	776 +513 21	141 +320 22	647 +542 23	968 +644 24
146 +946 25	895 +663 26	325 +381 27	456 +216 28	656 +550 29	677 +158 30
989 +866 31	848 +570 32	858 +854 33	586 +524 34	324 +308 35	738 +414 36
704 +514 37	420 +406 38	861 +483 39	934 +510 40	342 +187 41	748 +412 42

9 ADDITIONS À TROIS CHIFFRES

NOM : DATE : TEMPS : SCORE OBTENU : /42

295 +853 (1)	529 +141 (2)	175 +477 (3)	117 +319 (4)	479 +396 (5)	626 +661 (6)
889 +872 (7)	264 +808 (8)	578 +414 (9)	940 +433 (10)	373 +845 (11)	260 +894 (12)
515 +752 (13)	770 +415 (14)	389 +720 (15)	649 +527 (16)	312 +249 (17)	359 +375 (18)
474 +521 (19)	350 +504 (20)	949 +427 (21)	834 +680 (22)	625 +785 (23)	106 +215 (24)
682 +969 (25)	203 +640 (26)	286 +178 (27)	487 +779 (28)	481 +662 (29)	712 +333 (30)
572 +438 (31)	870 +342 (32)	655 +484 (33)	264 +111 (34)	344 +183 (35)	974 +781 (36)
357 +147 (37)	497 +411 (38)	857 +542 (39)	380 +209 (40)	455 +257 (41)	792 +446 (42)

ADDITIONS À TROIS CHIFFRES

10

NOM : DATE : TEMPS : SCORE OBTENU : /42

517 +868 1	586 +652 2	744 +338 3	823 +683 4	506 +553 5	663 +366 6
216 +615 7	474 +409 8	192 +785 9	839 +682 10	141 +845 11	311 +473 12
315 +130 13	288 +120 14	811 +102 15	122 +190 16	907 +199 17	744 +901 18
724 +195 19	930 +895 20	130 +106 21	812 +613 22	845 +854 23	103 +769 24
264 +724 25	742 +223 26	670 +724 27	837 +450 28	326 +897 29	562 +283 30
587 +321 31	218 +188 32	444 +441 33	540 +431 34	640 +595 35	637 +179 36
732 +729 37	559 +233 38	934 +907 39	825 +128 40	848 +145 41	714 +389 42

11 ADDITIONS À TROIS CHIFFRES

NOM : DATE : TEMPS : SCORE OBTENU : /42

457 +721 1	718 +228 2	732 +454 3	398 +730 4	548 +369 5	941 +121 6
837 +104 7	566 +967 8	848 +428 9	458 +978 10	896 +822 11	377 +576 12
483 +520 13	501 +139 14	854 +294 15	694 +194 16	404 +218 17	194 +950 18
493 +341 19	743 +285 20	422 +702 21	760 +832 22	994 +314 23	428 +465 24
700 +923 25	402 +190 26	998 +788 27	813 +616 28	665 +104 29	530 +420 30
616 +794 31	781 +565 32	228 +629 33	394 +400 34	855 +840 35	302 +364 36
460 +107 37	860 +597 38	226 +505 39	718 +230 40	696 +980 41	294 +955 42

ADDITIONS À TROIS CHIFFRES

12

NOM : DATE : TEMPS : SCORE OBTENU : /42

348 +758 1	862 +763 2	236 +395 3	668 +490 4	442 +163 5	181 +311 6
213 +742 7	413 +239 8	532 +586 9	115 +567 10	725 +461 11	323 +861 12
779 +200 13	277 +795 14	459 +252 15	217 +779 16	715 +551 17	557 +576 18
656 +954 19	436 +428 20	328 +568 21	377 +926 22	828 +987 23	104 +233 24
203 +373 25	324 +159 26	670 +489 27	767 +371 28	886 +636 29	723 +441 30
978 +966 31	872 +272 32	767 +604 33	447 +749 34	223 +364 35	527 +570 36
510 +114 37	904 +935 38	182 +766 39	362 +379 40	959 +881 41	244 +391 42

13 ADDITIONS À TROIS CHIFFRES

NOM :	DATE :	TEMPS :	SCORE OBTENU : /42

765 +233 1	836 +287 2	841 +550 3	765 +784 4	162 +586 5	921 +401 6
929 +169 7	139 +632 8	146 +472 9	228 +699 10	880 +140 11	415 +293 12
435 +734 13	269 +543 14	521 +775 15	501 +291 16	811 +596 17	142 +247 18
673 +681 19	295 +651 20	396 +672 21	298 +393 22	667 +504 23	741 +666 24
505 +474 25	559 +391 26	256 +767 27	268 +463 28	398 +477 29	507 +540 30
531 +129 31	650 +334 32	500 +984 33	305 +115 34	543 +669 35	666 +306 36
127 +460 37	905 +745 38	710 +794 39	796 +584 40	829 +780 41	528 +802 42

ADDITIONS À TROIS CHIFFRES

14

NOM :	DATE :	TEMPS :	SCORE OBTENU : /42

808 +313 1	618 +573 2	936 +487 3	167 +661 4	226 +266 5	776 +472 6
807 +583 7	414 +404 8	261 +606 9	959 +283 10	930 +277 11	138 +297 12
422 +235 13	716 +831 14	277 +909 15	232 +989 16	511 +512 17	291 +260 18
289 +674 19	615 +684 20	587 +836 21	558 +326 22	363 +841 23	974 +987 24
882 +428 25	817 +233 26	445 +670 27	571 +143 28	937 +171 29	755 +264 30
318 +403 31	658 +552 32	496 +835 33	872 +320 34	213 +522 35	112 +561 36
473 +438 37	457 +546 38	289 +227 39	423 +218 40	731 +272 41	396 +484 42

15 ADDITIONS À TROIS CHIFFRES

NOM :	DATE :	TEMPS :	SCORE OBTENU : /42

643 +590 1	786 +904 2	153 +453 3	182 +219 4	904 +409 5	647 +203 6
823 +832 7	322 +964 8	178 +269 9	711 +212 10	287 +532 11	163 +804 12
514 +177 13	111 +986 14	839 +666 15	851 +426 16	191 +611 17	686 +390 18
926 +371 19	517 +814 20	879 +806 21	614 +393 22	537 +324 23	421 +994 24
357 +539 25	311 +904 26	196 +362 27	258 +277 28	651 +164 29	792 +704 30
951 +600 31	356 +178 32	232 +830 33	914 +180 34	442 +576 35	652 +416 36
303 +582 37	486 +485 38	105 +272 39	740 +228 40	533 +552 41	446 +261 42

ADDITIONS À TROIS CHIFFRES 16

NOM : DATE : TEMPS : SCORE OBTENU : /42

183 +592 1	491 +618 2	654 +345 3	771 +769 4	224 +195 5	889 +725 6
930 +904 7	951 +317 8	307 +358 9	302 +934 10	380 +446 11	174 +223 12
991 +986 13	615 +552 14	946 +459 15	938 +393 16	778 +598 17	360 +121 18
405 +168 19	952 +634 20	116 +454 21	510 +962 22	914 +499 23	621 +640 24
873 +492 25	919 +360 26	343 +350 27	610 +890 28	521 +714 29	937 +145 30
924 +700 31	278 +675 32	378 +285 33	821 +132 34	966 +583 35	136 +963 36
355 +165 37	551 +678 38	804 +227 39	196 +831 40	186 +909 41	367 +117 42

17 ADDITIONS À TROIS CHIFFRES

NOM : DATE : TEMPS : SCORE OBTENU : /42

982 +483 1	489 +127 2	817 +578 3	817 +790 4	917 +512 5	125 +117 6
989 +904 7	319 +741 8	284 +423 9	915 +385 10	746 +150 11	563 +474 12
351 +827 13	529 +152 14	124 +188 15	426 +672 16	613 +869 17	890 +355 18
911 +776 19	924 +821 20	553 +108 21	906 +949 22	332 +372 23	544 +561 24
459 +307 25	571 +134 26	843 +949 27	460 +124 28	565 +960 29	225 +695 30
455 +724 31	521 +685 32	476 +342 33	813 +343 34	714 +708 35	700 +262 36
859 +870 37	863 +147 38	216 +522 39	825 +974 40	990 +310 41	381 +846 42

ADDITIONS À TROIS CHIFFRES

18

NOM : DATE : TEMPS : SCORE OBTENU : /42

676 +945 1	569 +667 2	946 +969 3	394 +766 4	764 +358 5	997 +646 6
473 +541 7	318 +547 8	211 +501 9	161 +402 10	506 +136 11	341 +351 12
496 +326 13	391 +393 14	134 +603 15	957 +735 16	191 +441 17	664 +127 18
524 +311 19	459 +304 20	545 +723 21	366 +182 22	635 +691 23	393 +888 24
228 +524 25	914 +767 26	933 +482 27	197 +101 28	991 +730 29	739 +180 30
413 +372 31	830 +802 32	848 +574 33	800 +898 34	791 +845 35	643 +274 36
644 +872 37	270 +306 38	776 +513 39	141 +320 40	647 +542 41	968 +644 42

19 ADDITIONS À TROIS CHIFFRES

NOM : DATE : TEMPS : SCORE OBTENU : /42

864 +130 1	246 +936 2	635 +262 3	194 +767 4	766 +856 5	117 +198 6
314 +657 7	494 +979 8	836 +499 9	758 +391 10	354 +344 11	419 +396 12
469 +456 13	786 +859 14	587 +403 15	284 +887 16	965 +990 17	783 +182 18
650 +804 19	927 +422 20	541 +856 21	985 +223 22	424 +774 23	401 +266 24
997 +446 25	426 +411 26	368 +462 27	532 +468 28	100 +463 29	250 +926 30
515 +752 31	770 +415 32	389 +720 33	649 +527 34	312 +249 35	359 +375 36
474 +521 37	350 +504 38	949 +427 39	834 +680 40	625 +785 41	106 +215 42

ADDITIONS À TROIS CHIFFRES

20

NOM : DATE : TEMPS : SCORE OBTENU : /42

612 +443 1	425 +395 2	692 +384 3	615 +555 4	757 +387 5	583 +858 6
775 +247 7	943 +248 8	560 +194 9	402 +673 10	816 +327 11	137 +422 12
667 +155 13	210 +769 14	767 +889 15	839 +495 16	360 +346 17	722 +770 18
495 +885 19	810 +614 20	216 +711 21	269 +789 22	663 +569 23	866 +306 24
227 +146 25	705 +669 26	818 +914 27	189 +720 28	734 +134 29	358 +906 30
517 +868 31	586 +652 32	744 +338 33	823 +683 34	506 +553 35	663 +366 36
315 +130 37	288 +120 38	811 +102 39	122 +190 40	907 +199 41	744 +901 42

21 ADDITIONS À TROIS CHIFFRES

NOM : DATE : TEMPS : SCORE OBTENU : /42

806 +382 1	919 +142 2	668 +978 3	506 +622 4	425 +120 5	642 +143 6
390 +699 7	172 +129 8	335 +776 9	791 +182 10	349 +992 11	205 +969 12
441 +822 13	288 +165 14	756 +751 15	751 +126 16	713 +192 17	201 +264 18
233 +805 19	414 +260 20	694 +817 21	533 +455 22	753 +695 23	147 +702 24
767 +764 25	272 +211 26	776 +333 27	804 +145 28	843 +116 29	697 +780 30
483 +520 31	501 +139 32	854 +294 33	694 +194 34	404 +218 35	194 +950 36
700 +923 37	402 +190 38	998 +788 39	813 +616 40	665 +104 41	530 +420 42

ADDITIONS À TROIS CHIFFRES

22

NOM :	DATE :	TEMPS :	SCORE OBTENU : /42

662 +289 1	363 +333 2	297 +944 3	927 +268 4	222 +770 5	113 +389 6
698 +159 7	160 +756 8	460 +772 9	223 +761 10	279 +354 11	329 +214 12
756 +685 13	547 +687 14	749 +762 15	941 +583 16	101 +112 17	841 +118 18
877 +311 19	411 +929 20	211 +205 21	243 +165 22	534 +684 23	848 +141 24
492 +500 25	926 +982 26	128 +790 27	221 +519 28	327 +299 29	602 +449 30
213 +742 31	413 +239 32	532 +586 33	115 +567 34	725 +461 35	323 +861 36
656 +954 37	436 +428 38	328 +568 39	377 +926 40	828 +987 41	104 +233 42

23 ADDITIONS À TROIS CHIFFRES

NOM :	DATE :	TEMPS :	SCORE OBTENU : /42

657 +364 1	192 +812 2	938 +948 3	639 +478 4	385 +459 5	747 +919 6
964 +415 7	821 +550 8	541 +292 9	495 +269 10	738 +710 11	127 +208 12
701 +640 13	769 +113 14	270 +302 15	209 +423 16	934 +481 17	701 +442 18
554 +723 19	762 +804 20	190 +899 21	984 +208 22	174 +409 23	495 +276 24
944 +795 25	998 +387 26	828 +641 27	758 +437 28	454 +745 29	989 +632 30
765 +233 31	836 +287 32	841 +550 33	765 +784 34	162 +586 35	921 +401 36
505 +474 37	559 +391 38	256 +767 39	268 +463 40	398 +477 41	507 +540 42

ADDITIONS À TROIS CHIFFRES

24

NOM : DATE : TEMPS : SCORE OBTENU : /42

861 +305 (1)	541 +359 (2)	733 +757 (3)	970 +120 (4)	494 +558 (5)	169 +837 (6)
710 +899 (7)	424 +395 (8)	213 +705 (9)	475 +366 (10)	568 +308 (11)	501 +320 (12)
502 +500 (13)	719 +726 (14)	183 +519 (15)	125 +700 (16)	137 +112 (17)	146 +490 (18)
684 +919 (19)	932 +611 (20)	426 +883 (21)	398 +195 (22)	623 +241 (23)	576 +318 (24)
399 +585 (25)	389 +452 (26)	132 +250 (27)	420 +589 (28)	222 +432 (29)	739 +854 (30)
289 +674 (31)	615 +684 (32)	587 +836 (33)	558 +326 (34)	363 +841 (35)	974 +987 (36)
807 +583 (37)	414 +404 (38)	261 +606 (39)	959 +283 (40)	930 +277 (41)	138 +297 (42)

25

ADDITIONS À TROIS CHIFFRES

NOM : DATE : TEMPS : SCORE OBTENU : /42

836 +223 1	726 +868 2	658 +845 3	108 +302 4	215 +546 5	447 +408 6
369 +530 7	758 +750 8	163 +796 9	422 +344 10	337 +255 11	638 +670 12
640 +532 13	608 +394 14	903 +847 15	386 +463 16	583 +784 17	779 +660 18
853 +807 19	594 +245 20	560 +537 21	471 +718 22	109 +724 23	748 +302 24
891 +318 25	373 +661 26	520 +894 27	838 +625 28	784 +427 29	690 +226 30
514 +177 31	111 +986 32	839 +666 33	851 +426 34	191 +611 35	686 +390 36
357 +539 37	311 +904 38	196 +362 39	258 +277 40	651 +164 41	792 +704 42

SOUSTRACTIONS À TROIS CHIFFRES

NOM : DATE : TEMPS : SCORE OBTENU : /42

858 −395 1	547 −288 2	947 −523 3	700 −442 4	421 −171 5	787 −520 6
281 −181 7	858 −533 8	408 −178 9	429 −304 10	480 −311 11	699 −261 12
969 −557 13	717 −592 14	854 −447 15	276 −252 16	502 −384 17	974 −667 18
956 −907 19	739 −300 20	692 −521 21	374 −232 22	731 −204 23	803 −407 24
128 −126 25	805 −539 26	806 −755 27	843 −635 28	353 −161 29	986 −283 30
643 −456 31	716 −623 32	442 −354 33	971 −546 34	989 −270 35	827 −379 36
710 −376 37	228 −100 38	793 −578 39	965 −449 40	854 −489 41	794 −255 42

27

SOUSTRACTIONS À TROIS CHIFFRES

NOM : DATE : TEMPS : SCORE OBTENU : /42

519 −159 1	239 −169 2	307 −139 3	945 −552 4	872 −826 5	927 −362 6
870 −774 7	916 −172 8	602 −444 9	965 −295 10	194 −157 11	759 −497 12
926 −924 13	635 −302 14	746 −304 15	983 −175 16	891 −138 17	429 −262 18
783 −524 19	996 −421 20	766 −687 21	742 −267 22	290 −269 23	981 −523 24
274 −203 25	375 −364 26	378 −323 27	905 −405 28	593 −467 29	878 −708 30
273 −257 31	906 −140 32	696 −415 33	748 −107 34	898 −692 35	984 −128 36
454 −417 37	728 −432 38	909 −566 39	670 −502 40	693 −320 41	503 −395 42

SOUSTRACTIONS À TROIS CHIFFRES

28

NOM :	DATE :	TEMPS :	SCORE OBTENU : /42

401 –183 1	800 –545 2	720 –259 3	556 –167 4	905 –743 5	707 –599 6
704 –514 7	420 –406 8	861 –483 9	934 –510 10	342 –187 11	748 –412 12
989 –866 13	848 –570 14	858 –854 15	586 –524 16	324 –308 17	738 –414 18
259 –185 19	864 –219 20	754 –353 21	997 –217 22	540 –408 23	721 –317 24
796 –329 25	947 –566 26	906 –498 27	599 –342 28	955 –766 29	978 –353 30
723 –435 31	343 –211 32	132 –113 33	898 –188 34	797 –173 35	574 –259 36
891 –277 37	683 –379 38	553 –292 39	689 –114 40	592 –377 41	377 –346 42

29 SOUSTRACTIONS À TROIS CHIFFRES

NOM :	DATE :	TEMPS :	SCORE OBTENU : /42

678 −212 1	771 −751 2	853 −465 3	889 −149 4	866 −703 5	673 −459 6
964 −463 7	296 −231 8	753 −441 9	775 −656 10	928 −853 11	825 −774 12
572 −438 13	870 −342 14	655 −484 15	264 −111 16	344 −183 17	974 −781 18
357 −147 19	497 −411 20	857 −542 21	380 −209 22	455 −257 23	792 −446 24
616 −116 25	839 −756 26	247 −111 27	700 −502 28	942 −164 29	873 −329 30
958 −729 31	354 −299 32	948 −840 33	799 −489 34	526 −315 35	978 −665 36
604 −431 37	762 −240 38	777 −323 39	851 −404 40	749 −742 41	825 −389 42

SOUSTRACTIONS À TROIS CHIFFRES

30

NOM :	DATE :	TEMPS :	SCORE OBTENU : /42

808 –369 1	518 –322 2	296 –279 3	916 –440 4	906 –517 5	150 –142 6
587 –321 7	218 –188 8	444 –441 9	540 –431 10	640 –595 11	637 –179 12
960 –109 13	723 –413 14	681 –638 15	810 –239 16	974 –577 17	802 –659 18
732 –729 19	559 –233 20	934 –907 21	825 –128 22	848 –145 23	714 –389 24
922 –301 25	370 –278 26	873 –300 27	450 –186 28	771 –609 29	755 –220 30
918 –169 31	439 –418 32	898 –712 33	984 –836 34	758 –656 35	870 –197 36
646 –305 37	903 –669 38	659 –435 39	327 –233 40	949 –656 41	265 –162 42

31 SOUSTRACTIONS À TROIS CHIFFRES

NOM : DATE : TEMPS : SCORE OBTENU : /42

942 −532 1	221 −131 2	645 −510 3	953 −761 4	940 −643 5	580 −291 6
355 −117 7	750 −706 8	711 −577 9	817 −549 10	917 −595 11	564 −104 12
471 −332 13	677 −658 14	563 −534 15	938 −890 16	314 −286 17	799 −475 18
969 −282 19	940 −493 20	619 −525 21	402 −223 22	281 −123 23	326 −171 24
940 −129 25	839 −422 26	640 −494 27	582 −221 28	269 −103 29	490 −105 30
502 −490 31	969 −347 32	977 −546 33	946 −424 34	899 −107 35	560 −278 36
781 −415 37	686 −384 38	971 −244 39	764 −425 40	970 −731 41	596 −293 42

SOUSTRACTIONS À TROIS CHIFFRES

NOM : DATE : TEMPS : SCORE OBTENU : /42

342 −120 1	873 −559 2	922 −554 3	406 −179 4	912 −872 5	438 −308 6
978 −967 7	441 −305 8	426 −246 9	695 −492 10	851 −120 11	851 −130 12
397 −178 13	394 −174 14	221 −220 15	727 −222 16	815 −614 17	202 −192 18
633 −599 19	718 −218 20	924 −444 21	378 −137 22	567 −557 23	727 −464 24
972 −870 25	455 −193 26	843 −749 27	724 −203 28	710 −374 29	655 −331 30
199 −123 31	402 −168 32	269 −197 33	742 −113 34	724 −700 35	483 −466 36
828 −700 37	668 −657 38	766 −488 39	514 −466 40	712 −289 41	445 −163 42

33 SOUSTRACTIONS À TROIS CHIFFRES

NOM :	DATE :	TEMPS :	SCORE OBTENU : /42

692 −480 (1)	611 −423 (2)	905 −537 (3)	676 −607 (4)	397 −202 (5)	804 −458 (6)
520 −154 (7)	882 −843 (8)	674 −575 (9)	999 −435 (10)	943 −231 (11)	854 −443 (12)
818 −805 (13)	602 −335 (14)	979 −936 (15)	853 −197 (16)	784 −511 (17)	884 −655 (18)
430 −165 (19)	754 −432 (20)	485 −439 (21)	837 −739 (22)	670 −654 (23)	947 −540 (24)
540 −167 (25)	949 −112 (26)	705 −347 (27)	779 −205 (28)	831 −333 (29)	719 −214 (30)
852 −689 (31)	834 −131 (32)	690 −640 (33)	472 −410 (34)	758 −606 (35)	892 −175 (36)
967 −594 (37)	279 −233 (38)	627 −495 (39)	336 −245 (40)	379 −115 (41)	968 −797 (42)

SOUSTRACTIONS À TROIS CHIFFRES

34

NOM :	DATE :	TEMPS :	SCORE OBTENU : /42

603 –442 1	672 –392 2	251 –102 3	470 –343 4	917 –702 5	772 –685 6
491 –485 7	303 –294 8	953 –825 9	966 –562 10	722 –511 11	602 –541 12
999 –903 13	612 –512 14	430 –200 15	855 –831 16	314 –127 17	684 –375 18
293 –170 19	914 –912 20	862 –589 21	544 –111 22	600 –207 23	973 –524 24
664 –558 25	919 –353 26	531 –455 27	866 –665 28	928 –151 29	472 –331 30
919 –462 31	835 –586 32	887 –611 33	551 –480 34	749 –191 35	682 –475 36
839 –643 37	427 –233 38	523 –251 39	545 –345 40	958 –488 41	944 –343 42

35 SOUSTRACTIONS À TROIS CHIFFRES

NOM :	DATE :	TEMPS :	SCORE OBTENU : /42

619 −107 1	589 −451 2	493 −345 3	220 −212 4	920 −175 5	890 −329 6
927 −212 7	994 −656 8	668 −485 9	423 −235 10	796 −713 11	737 −120 12
489 −472 13	506 −169 14	937 −432 15	797 −207 16	498 −441 17	810 −609 18
498 −388 19	671 −374 20	931 −437 21	610 −207 22	591 −109 23	678 −242 24
966 −698 25	966 −345 26	847 −716 27	669 −152 28	357 −289 29	987 −270 30
938 −581 31	310 −153 32	815 −615 33	904 −608 34	291 −238 35	935 −138 36
678 −614 37	782 −639 38	329 −148 39	627 −525 40	614 −460 41	871 −436 42

SOUSTRACTIONS À TROIS CHIFFRES

NOM : DATE : TEMPS : SCORE OBTENU : /42

506 −108 1	937 −436 2	433 −199 3	851 −451 4	967 −710 5	813 −419 6
771 −436 7	992 −821 8	735 −419 9	861 −630 10	550 −224 11	935 −367 12
643 −456 13	716 −623 14	442 −354 15	971 −546 16	989 −270 17	827 −379 18
789 −678 19	536 −384 20	902 −558 21	400 −382 22	946 −247 23	621 −372 24
710 −376 25	228 −100 26	793 −578 27	965 −449 28	854 −489 29	794 −255 30
562 −224 31	459 −335 32	976 −433 33	596 −569 34	424 −210 35	939 −397 36
987 −626 37	752 −398 38	675 −604 39	918 −386 40	810 −279 41	895 −597 42

37 SOUSTRACTIONS À TROIS CHIFFRES

NOM :	DATE :	TEMPS :	SCORE OBTENU : /42

273 −257 1	906 −140 2	696 −415 3	748 −107 4	898 −692 5	984 −128 6
293 −182 7	422 −305 8	968 −540 9	473 −423 10	763 −262 11	964 −952 12
454 −417 13	728 −432 14	909 −566 15	670 −502 16	693 −320 17	503 −395 18
498 −480 19	775 −332 20	564 −457 21	379 −374 22	992 −331 23	709 −475 24
430 −378 25	527 −204 26	528 −375 27	785 −229 28	838 −727 29	469 −100 30
524 −317 31	690 −338 32	761 −706 33	998 −279 34	664 −571 35	224 −113 36
407 −121 37	699 −604 38	924 −219 39	895 −543 40	825 −365 41	918 −648 42

SOUSTRACTIONS À TROIS CHIFFRES

NOM :	DATE :	TEMPS :	SCORE OBTENU : /42

947 –361 1	164 –107 2	998 –188 3	201 –184 4	998 –601 5	918 –121 6
723 –435 7	343 –211 8	132 –113 9	898 –188 10	797 –173 11	574 –259 12
891 –277 13	683 –379 14	553 –292 15	689 –114 16	592 –377 17	377 –346 18
752 –379 19	894 –315 20	906 –416 21	684 –317 22	561 –204 23	354 –220 24
474 –431 25	398 –390 26	756 –711 27	969 –866 28	976 –373 29	871 –481 30
909 –406 31	948 –441 32	954 –452 33	153 –133 34	825 –610 35	980 –679 36
451 –215 37	633 –362 38	687 –417 39	655 –517 40	919 –753 41	744 –379 42

39

SOUSTRACTIONS À TROIS CHIFFRES

NOM :	DATE :	TEMPS :	SCORE OBTENU : /42

326 −320 1	645 −585 2	979 −250 3	572 −314 4	897 −735 5	401 −246 6
604 −431 7	762 −240 8	777 −323 9	851 −404 10	749 −742 11	825 −389 12
761 −361 13	791 −592 14	288 −152 15	857 −120 16	975 −225 17	613 −586 18
861 −723 19	702 −249 20	728 −525 21	905 −639 22	352 −253 23	360 −310 24
958 −729 25	354 −299 26	948 −840 27	799 −489 28	526 −315 29	978 −665 30
767 −639 31	370 −298 32	686 −222 33	297 −176 34	825 −301 35	527 −107 36
973 −428 37	985 −454 38	627 −421 39	508 −492 40	983 −543 41	559 −174 42

SOUSTRACTIONS À TROIS CHIFFRES

40

NOM :	DATE :	TEMPS :	SCORE OBTENU : /42

918 −169 (1)	439 −418 (2)	898 −712 (3)	984 −836 (4)	758 −656 (5)	870 −197 (6)
894 −210 (7)	650 −303 (8)	670 −371 (9)	599 −357 (10)	401 −139 (11)	459 −271 (12)
646 −305 (13)	903 −669 (14)	659 −435 (15)	327 −233 (16)	949 −656 (17)	265 −162 (18)
693 −434 (19)	857 −245 (20)	999 −928 (21)	972 −530 (22)	885 −598 (23)	948 −237 (24)
925 −286 (25)	843 −267 (26)	768 −442 (27)	691 −474 (28)	787 −775 (29)	771 −386 (30)
940 −349 (31)	537 −181 (32)	807 −485 (33)	699 −403 (34)	720 −100 (35)	963 −444 (36)
387 −359 (37)	508 −387 (38)	803 −255 (39)	517 −376 (40)	535 −163 (41)	930 −569 (42)

41 SOUSTRACTIONS À TROIS CHIFFRES

NOM : DATE : TEMPS : SCORE OBTENU : /42

931 –685 1	521 –458 2	999 –653 3	618 –312 4	374 –214 5	323 –192 6
695 –579 7	795 –311 8	813 –746 9	880 –864 10	751 –641 11	813 –109 12
502 –490 13	969 –347 14	977 –546 15	946 –424 16	899 –107 17	560 –278 18
781 –415 19	686 –384 20	971 –244 21	764 –425 22	970 –731 23	596 –293 24
843 –747 25	848 –640 26	720 –260 27	868 –640 28	880 –477 29	782 –379 30
870 –774 31	916 –172 32	602 –444 33	965 –295 34	194 –157 35	759 –497 36
274 –203 37	375 –364 38	378 –323 39	905 –405 40	593 –467 41	878 –708 42

SOUSTRACTIONS À TROIS CHIFFRES

NOM :	DATE :	TEMPS :	SCORE OBTENU : /42

814 −610 1	669 −526 2	889 −209 3	760 −190 4	871 −574 5	839 −238 6
199 −123 7	402 −168 8	269 −197 9	742 −113 10	724 −700 11	483 −466 12
966 −536 13	908 −433 14	452 −163 15	347 −207 16	815 −519 17	663 −201 18
828 −700 19	668 −657 20	766 −488 21	514 −466 22	712 −289 23	445 −163 24
882 −517 25	752 −295 26	702 −162 27	464 −298 28	817 −644 29	766 −116 30
401 −183 31	800 −545 32	720 −259 33	556 −167 34	905 −743 35	707 −599 36
796 −329 37	947 −566 38	906 −498 39	599 −342 40	955 −766 41	978 −353 42

43

SOUSTRACTIONS À TROIS CHIFFRES

NOM : DATE : TEMPS : SCORE OBTENU : /42

343 −100 1	785 −780 2	626 −612 3	846 −658 4	253 −124 5	952 −678 6
967 −594 7	279 −233 8	627 −495 9	336 −245 10	379 −115 11	968 −797 12
852 −689 13	834 −131 14	690 −640 15	472 −410 16	758 −606 17	892 −175 18
590 −294 19	200 −134 20	761 −334 21	400 −287 22	537 −124 23	644 −112 24
861 −392 25	878 −764 26	962 −315 27	858 −563 28	882 −356 29	474 −111 30
357 −147 31	497 −411 32	857 −542 33	380 −209 34	455 −257 35	792 −446 36
678 −212 37	771 −751 38	853 −465 39	889 −149 40	866 −703 41	673 −459 42

SOUSTRACTIONS À TROIS CHIFFRES

NOM :	DATE :	TEMPS :	SCORE OBTENU : /42

839 −643 1	427 −233 2	523 −251 3	545 −345 4	958 −488 5	944 −343 6
407 −112 7	661 −408 8	963 −774 9	727 −594 10	711 −159 11	957 −431 12
919 −462 13	835 −586 14	887 −611 15	551 −480 16	749 −191 17	682 −475 18
903 −586 19	825 −556 20	622 −554 21	580 −256 22	893 −292 23	463 −136 24
888 −163 25	420 −360 26	886 −763 27	747 −210 28	895 −771 29	787 −217 30
732 −729 31	559 −233 32	934 −907 33	825 −128 34	848 −145 35	714 −389 36
587 −321 37	218 −188 38	444 −441 39	540 −431 40	640 −595 41	637 −179 42

45

SOUSTRACTIONS À TROIS CHIFFRES

NOM :	DATE :	TEMPS :	SCORE OBTENU : /42

765 –201 1	833 –416 2	558 –502 3	852 –327 4	581 –536 5	595 –193 6
962 –378 7	800 –742 8	790 –138 9	745 –651 10	491 –444 11	452 –403 12
938 –581 13	310 –153 14	815 –615 15	904 –608 16	291 –238 17	935 –138 18
912 –404 19	891 –854 20	794 –612 21	747 –514 22	998 –669 23	844 –639 24
678 –614 25	782 –639 26	329 –148 27	627 –525 28	614 –460 29	871 –436 30
471 –332 31	677 –658 32	563 –534 33	938 –890 34	314 –286 35	799 –475 36
940 –129 37	839 –422 38	640 –494 39	582 –221 40	269 –103 41	490 –105 42

SOUSTRACTIONS À TROIS CHIFFRES

46

NOM :	DATE :	TEMPS :	SCORE OBTENU : /42

983 −799 1	998 −451 2	969 −790 3	741 −650 4	330 −184 5	907 −600 6
987 −626 7	752 −398 8	675 −604 9	918 −386 10	810 −279 11	895 −597 12
914 −121 13	697 −596 14	714 −311 15	445 −274 16	900 −382 17	988 −823 18
562 −224 19	459 −335 20	976 −433 21	596 −569 22	424 −210 23	939 −397 24
653 −627 25	721 −347 26	442 −393 27	496 −459 28	423 −328 29	506 −266 30
978 −967 31	441 −305 32	426 −246 33	695 −492 34	851 −120 35	851 −130 36
633 −599 37	718 −218 38	924 −444 39	378 −137 40	567 −557 41	727 −464 42

47 SOUSTRACTIONS À TROIS CHIFFRES

NOM :	DATE :	TEMPS :	SCORE OBTENU : /42

922 −273 1	670 −487 2	846 −278 3	921 −544 4	419 −245 5	437 −430 6
608 −177 7	943 −508 8	698 −174 9	829 −285 10	800 −155 11	689 −162 12
407 −121 13	699 −604 14	924 −219 15	895 −543 16	825 −365 17	918 −648 18
814 −755 19	966 −571 20	944 −889 21	771 −158 22	659 −231 23	347 −116 24
524 −317 25	690 −338 26	761 −706 27	998 −279 28	664 −571 29	224 −113 30
692 −480 31	611 −423 32	905 −537 33	676 −607 34	397 −202 35	804 −458 36
818 −805 37	602 −335 38	979 −936 39	853 −197 40	784 −511 41	884 −655 42

SOUSTRACTIONS À TROIS CHIFFRES

48

NOM :	DATE :	TEMPS :	SCORE OBTENU : /42

870 −115 1	926 −493 2	890 −776 3	673 −124 4	996 −471 5	890 −465 6
909 −406 7	948 −441 8	954 −452 9	153 −133 10	825 −610 11	980 −679 12
639 −144 13	665 −576 14	318 −160 15	966 −379 16	660 −264 17	615 −465 18
451 −215 19	633 −362 20	687 −417 21	655 −517 22	919 −753 23	744 −379 24
748 −476 25	401 −259 26	348 −164 27	904 −148 28	507 −477 29	719 −669 30
664 −558 31	919 −353 32	531 −455 33	866 −665 34	928 −151 35	472 −331 36
293 −170 37	914 −912 38	862 −589 39	544 −111 40	600 −207 41	973 −524 42

49 SOUSTRACTIONS À TROIS CHIFFRES

NOM : DATE : TEMPS : SCORE OBTENU : /42

962 –334 1	930 –462 2	674 –129 3	943 –751 4	637 –570 5	263 –136 6
946 –501 7	193 –151 8	659 –518 9	532 –440 10	311 –286 11	216 –165 12
973 –428 13	985 –454 14	627 –421 15	508 –492 16	983 –543 17	559 –174 18
846 –390 19	593 –469 20	712 –505 21	866 –697 22	359 –187 23	842 –253 24
767 –639 25	370 –298 26	686 –222 27	297 –176 28	825 –301 29	527 –107 30
489 –472 31	506 –169 32	937 –432 33	797 –207 34	498 –441 35	810 –609 36
619 –107 37	589 –451 38	493 –345 39	220 –212 40	920 –175 41	890 –329 42

SOUSTRACTIONS À TROIS CHIFFRES

50

NOM : DATE : TEMPS : SCORE OBTENU : /42

945 −544 (1)	807 −763 (2)	866 −393 (3)	780 −441 (4)	665 −305 (5)	696 −595 (6)
387 −359 (7)	508 −387 (8)	803 −255 (9)	517 −376 (10)	535 −163 (11)	930 −569 (12)
929 −739 (13)	340 −280 (14)	730 −507 (15)	834 −608 (16)	688 −433 (17)	949 −897 (18)
940 −349 (19)	537 −181 (20)	807 −485 (21)	699 −403 (22)	720 −100 (23)	963 −444 (24)
922 −831 (25)	713 −177 (26)	610 −564 (27)	933 −640 (28)	792 −385 (29)	841 −722 (30)
771 −436 (31)	992 −821 (32)	735 −419 (33)	861 −630 (34)	550 −224 (35)	935 −367 (36)
293 −182 (37)	422 −305 (38)	968 −540 (39)	473 −423 (40)	763 −262 (41)	964 −952 (42)

51 MULTIPLICATIONS À UN CHIFFRE

DE NOMBRES INFÉRIEURS À 10

NOM : DATE : TEMPS : SCORE OBTENU : /42

9 × 6 (1)	3 × 4 (2)	6 × 6 (3)	2 × 1 (4)	1 × 2 (5)	5 × 7 (6)
3 × 1 (7)	8 × 4 (8)	5 × 5 (9)	2 × 8 (10)	5 × 8 (11)	1 × 5 (12)
9 × 2 (13)	4 × 8 (14)	1 × 4 (15)	2 × 5 (16)	7 × 0 (17)	4 × 2 (18)
8 × 5 (19)	2 × 6 (20)	8 × 8 (21)	0 × 0 (22)	1 × 0 (23)	3 × 6 (24)
5 × 3 (25)	8 × 9 (26)	7 × 5 (27)	1 × 1 (28)	7 × 7 (29)	2 × 2 (30)
5 × 4 (31)	1 × 9 (32)	7 × 2 (33)	3 × 7 (34)	0 × 7 (35)	6 × 7 (36)
9 × 0 (37)	4 × 5 (38)	8 × 0 (39)	2 × 4 (40)	8 × 7 (41)	2 × 3 (42)

MULTIPLICATIONS À UN CHIFFRE

DE NOMBRES INFÉRIEURS À 10

52

NOM : DATE : TEMPS : SCORE OBTENU : /42

2×2 [1]	3×8 [2]	3×7 [3]	6×2 [4]	6×8 [5]	4×7 [6]
2×4 [7]	6×7 [8]	5×0 [9]	7×4 [10]	2×6 [11]	6×5 [12]
9×2 [13]	2×5 [14]	8×1 [15]	9×1 [16]	0×2 [17]	7×2 [18]
1×6 [19]	6×0 [20]	1×4 [21]	9×4 [22]	1×7 [23]	0×1 [24]
3×2 [25]	3×9 [26]	8×3 [27]	7×8 [28]	5×1 [29]	9×3 [30]
0×0 [31]	3×3 [32]	7×9 [33]	2×0 [34]	9×6 [35]	7×1 [36]
8×5 [37]	6×3 [38]	7×7 [39]	7×5 [40]	8×8 [41]	8×6 [42]

53

MULTIPLICATIONS À UN CHIFFRE

DE NOMBRES INFÉRIEURS À 10

NOM : DATE : TEMPS : SCORE OBTENU : /42

7×1 (1)	3×7 (2)	0×0 (3)	1×6 (4)	4×1 (5)	2×9 (6)
8×0 (7)	2×4 (8)	1×8 (9)	9×9 (10)	2×8 (11)	0×8 (12)
0×7 (13)	6×7 (14)	0×9 (15)	3×4 (16)	8×3 (17)	0×5 (18)
8×7 (19)	2×3 (20)	6×8 (21)	8×5 (22)	5×4 (23)	1×9 (24)
8×6 (25)	1×5 (26)	0×6 (27)	9×8 (28)	9×0 (29)	4×5 (30)
5×3 (31)	2×2 (32)	8×4 (33)	2×7 (34)	8×8 (35)	1×7 (36)
2×5 (37)	5×5 (38)	9×1 (39)	7×2 (40)	8×2 (41)	7×3 (42)

MULTIPLICATIONS À UN CHIFFRE

DE NOMBRES INFÉRIEURS À 10

54

NOM : DATE : TEMPS : SCORE OBTENU : /42

2 × 7 1	4 × 5 2	8 × 8 3	4 × 3 4	7 × 9 5	2 × 0 6
0 × 6 7	7 × 6 8	8 × 5 9	6 × 9 10	7 × 7 11	7 × 5 12
0 × 0 13	3 × 3 14	3 × 4 15	5 × 6 16	4 × 8 17	8 × 7 18
5 × 5 19	6 × 3 20	9 × 6 21	7 × 1 22	1 × 1 23	4 × 4 24
9 × 8 25	9 × 9 26	8 × 2 27	8 × 6 28	0 × 4 29	2 × 3 30
1 × 4 31	2 × 2 32	9 × 3 33	3 × 5 34	1 × 2 35	6 × 7 36
8 × 9 37	0 × 7 38	3 × 1 39	8 × 4 40	5 × 8 41	1 × 5 42

MULTIPLICATIONS À UN CHIFFRE

DE NOMBRES INFÉRIEURS À 10

NOM :	DATE :	TEMPS :	SCORE OBTENU : /42

8 × 0 1	1 × 7 2	3 × 2 3	1 × 5 4	0 × 7 5	5 × 6 6
8 × 4 7	7 × 3 8	5 × 7 9	8 × 3 10	1 × 1 11	6 × 1 12
4 × 1 13	9 × 6 14	5 × 0 15	9 × 1 16	7 × 2 17	0 × 5 18
2 × 3 19	1 × 2 20	8 × 9 21	4 × 0 22	5 × 4 23	2 × 2 24
1 × 8 25	9 × 2 26	3 × 7 27	2 × 9 28	2 × 5 29	5 × 5 30
6 × 0 31	4 × 7 32	8 × 1 33	9 × 5 34	1 × 6 35	0 × 1 36
2 × 6 37	6 × 5 38	1 × 4 39	9 × 4 40	5 × 1 41	9 × 3 42

MULTIPLICATIONS DE NOMBRES JUSQU'À 12

56

NOM :	DATE :	TEMPS :	SCORE OBTENU : /42

0×9 — 1	12×5 — 2	8×5 — 3	7×5 — 4	10×9 — 5	12×6 — 6
2×5 — 7	12×0 — 8	12×2 — 9	3×6 — 10	9×2 — 11	10×2 — 12
8×4 — 13	3×2 — 14	7×1 — 15	2×1 — 16	9×8 — 17	2×3 — 18
3×8 — 19	3×3 — 20	3×7 — 21	10×0 — 22	8×9 — 23	11×6 — 24
11×7 — 25	11×9 — 26	2×8 — 27	10×2 — 28	7×7 — 29	11×0 — 30
1×9 — 31	1×6 — 32	12×10 — 33	8×0 — 34	5×7 — 35	10×1 — 36
12×5 — 37	10×3 — 38	9×5 — 39	6×6 — 40	6×4 — 41	4×5 — 42

57 MULTIPLICATIONS DE NOMBRES JUSQU'À 12

NOM :	DATE :	TEMPS :	SCORE OBTENU : /42

6 × 3 1	11 × 0 2	11 × 7 3	12 × 5 4	2 × 8 5	2 × 0 6
12 × 4 7	7 × 4 8	6 × 8 9	10 ×12 10	6 × 9 11	11 × 4 12
3 × 2 13	12 × 6 14	5 × 3 15	11 ×11 16	12 ×12 17	7 × 0 18
11 × 1 19	10 ×10 20	12 × 3 21	11 × 4 22	1 × 5 23	5 × 6 24
7 × 9 25	6 × 5 26	1 × 0 27	6 × 1 28	9 × 0 29	2 × 4 30
4 × 9 31	3 × 9 32	12 ×11 33	9 × 6 34	5 × 5 35	4 × 0 36
11 × 5 37	5 × 4 38	11 × 2 39	10 × 5 40	4 × 4 41	0 × 1 42

MULTIPLICATIONS DE NOMBRES JUSQU'À 12

58

NOM : DATE : TEMPS : SCORE OBTENU : /42

11 × 8 (1)	4 × 2 (2)	4 × 4 (3)	0 × 2 (4)	11 × 5 (5)	10 × 1 (6)
11 × 5 (7)	12 × 11 (8)	5 × 1 (9)	5 × 2 (10)	11 × 9 (11)	5 × 7 (12)
7 × 8 (13)	12 × 8 (14)	5 × 9 (15)	7 × 3 (16)	4 × 7 (17)	1 × 6 (18)
12 × 6 (19)	11 × 3 (20)	0 × 6 (21)	9 × 8 (22)	10 × 7 (23)	6 × 1 (24)
10 × 9 (25)	4 × 8 (26)	9 × 3 (27)	10 × 9 (28)	2 × 5 (29)	11 × 10 (30)
12 × 1 (31)	5 × 0 (32)	1 × 1 (33)	5 × 8 (34)	5 × 6 (35)	9 × 5 (36)
11 × 11 (37)	6 × 7 (38)	6 × 8 (39)	2 × 3 (40)	12 × 2 (41)	12 × 12 (42)

59 MULTIPLICATIONS DE NOMBRES JUSQU'À 12

NOM : DATE : TEMPS : SCORE OBTENU : /42

10 × 9 = (1)	10 × 8 = (2)	10 × 0 = (3)	11 × 3 = (4)	10 × 1 = (5)	6 × 6 = (6)
12 × 11 = (7)	11 × 0 = (8)	7 × 2 = (9)	6 × 5 = (10)	11 × 9 = (11)	12 × 10 = (12)
12 × 9 = (13)	12 × 2 = (14)	2 × 1 = (15)	6 × 1 = (16)	10 × 0 = (17)	12 × 0 = (18)
9 × 1 = (19)	12 × 12 = (20)	4 × 9 = (21)	5 × 9 = (22)	10 × 5 = (23)	3 × 3 = (24)
0 × 7 = (25)	2 × 5 = (26)	0 × 8 = (27)	3 × 7 = (28)	10 × 10 = (29)	4 × 6 = (30)
12 × 1 = (31)	9 × 4 = (32)	10 × 3 = (33)	3 × 5 = (34)	5 × 2 = (35)	5 × 4 = (36)
2 × 3 = (37)	10 × 12 = (38)	9 × 3 = (39)	9 × 2 = (40)	11 × 10 = (41)	12 × 8 = (42)

MULTIPLICATIONS DE NOMBRES JUSQU'À 12

60

NOM :	DATE :	TEMPS :	SCORE OBTENU : /42

12 × 1 1	12 × 5 2	10 × 5 3	7 × 6 4	11 × 2 5	11 × 1 6
6 × 5 7	10 × 4 8	9 × 6 9	6 × 6 10	11 × 0 11	0 × 8 12
10 × 0 13	12 × 6 14	11 × 11 15	10 × 2 16	10 × 5 17	12 × 4 18
9 × 4 19	0 × 9 20	4 × 2 21	7 × 4 22	12 × 2 23	11 × 4 24
8 × 7 25	12 × 3 26	3 × 9 27	7 × 7 28	12 × 7 29	10 × 3 30
5 × 1 31	2 × 0 32	2 × 3 33	11 × 3 34	12 × 11 35	3 × 0 36
12 × 1 37	6 × 9 38	10 × 6 39	8 × 1 40	10 × 4 41	6 × 3 42

61 MULTIPLICATIONS DE NOMBRES JUSQU'À 12

NOM : DATE : TEMPS : SCORE OBTENU : /42

11 × 2 1	4 × 3 2	5 × 5 3	8 × 3 4	8 × 7 5	5 × 8 6
3 × 9 7	11 × 1 8	11 × 6 9	4 × 1 10	1 × 9 11	1 × 6 12
7 × 2 13	1 × 4 14	12 ×11 15	11 × 5 16	9 × 6 17	10 × 3 18
5 × 7 19	10 × 1 20	6 × 8 21	5 × 2 22	12 ×10 23	8 × 0 24
6 × 4 25	4 × 5 26	11 ×12 27	9 × 7 28	7 × 5 29	6 × 6 30
12 × 5 31	9 × 5 32	2 × 1 33	9 × 4 34	3 × 6 35	3 × 3 36
12 × 0 37	12 × 2 38	10 × 0 39	8 × 9 40	11 × 7 41	11 × 9 42

MULTIPLICATIONS DE NOMBRES JUSQU'À 12

NOM :	DATE :	TEMPS :	SCORE OBTENU : /42

11 × 3 (1)	5 × 1 (2)	7 × 3 (3)	4 × 6 (4)	5 × 5 (5)	4 × 0 (6)
10 × 2 (7)	4 × 8 (8)	3 × 9 (9)	9 × 4 (10)	4 × 4 (11)	0 × 1 (12)
12 × 0 (13)	11 × 5 (14)	5 × 4 (15)	12 × 10 (16)	12 × 4 (17)	10 × 8 (18)
9 × 0 (19)	7 × 1 (20)	1 × 9 (21)	12 × 11 (22)	9 × 6 (23)	10 × 5 (24)
10 × 8 (25)	12 × 6 (26)	10 × 9 (27)	11 × 2 (28)	10 × 5 (29)	12 × 7 (30)
11 × 7 (31)	6 × 6 (32)	12 × 3 (33)	11 × 4 (34)	11 × 1 (35)	10 × 11 (36)
6 × 9 (37)	10 × 10 (38)	1 × 0 (39)	6 × 1 (40)	4 × 9 (41)	6 × 5 (42)

63 MULTIPLICATIONS DE NOMBRES JUSQU'À 12

NOM :	DATE :	TEMPS :	SCORE OBTENU : /42

5 × 3 1	1 × 1 2	5 × 8 3	7 × 2 4	1 × 5 5	12 × 5 6
11 × 7 7	8 × 6 8	2 × 3 9	11 × 4 10	11 × 1 11	11 × 5 12
2 × 1 13	6 × 0 14	12 × 7 15	12 × 4 16	12 × 1 17	5 × 0 18
11 × 7 19	4 × 6 20	9 × 5 21	12 × 4 22	11 ×11 23	6 × 8 24
6 × 4 25	12 × 2 26	12 ×12 27	3 × 5 28	12 × 6 29	9 × 6 30
11 × 5 31	10 × 1 32	4 × 7 33	1 × 6 34	7 × 8 35	12 × 8 36
11 × 9 37	5 × 6 38	10 × 7 39	6 × 1 40	12 × 6 41	11 × 3 42

MULTIPLICATIONS DE NOMBRES JUSQU'À 12

64

NOM :	DATE :	TEMPS :	SCORE OBTENU : /42

10×0 (1)	3×6 (2)	7×8 (3)	6×2 (4)	1×3 (5)	12×5 (6)
8×2 (7)	7×5 (8)	10×3 (9)	3×5 (10)	10×6 (11)	3×8 (12)
4×3 (13)	5×0 (14)	9×5 (15)	9×2 (16)	6×4 (17)	6×3 (18)
5×2 (19)	5×4 (20)	12×3 (21)	5×9 (22)	11×1 (23)	9×3 (24)
11×10 (25)	12×8 (26)	11×2 (27)	2×0 (28)	2×3 (29)	10×12 (30)
10×0 (31)	12×0 (32)	12×11 (33)	11×0 (34)	11×3 (35)	10×1 (36)
10×5 (37)	3×3 (38)	12×9 (39)	12×2 (40)	6×5 (41)	11×9 (42)

65 MULTIPLICATIONS DE NOMBRES JUSQU'À 12

NOM :	DATE :	TEMPS :	SCORE OBTENU : /42

8 × 8 1	1 × 8 2	2 × 7 3	8 × 3 4	4 × 5 5	11 × 4 6
10 × 8 7	12 × 3 8	11 × 3 9	10 × 7 10	5 × 1 11	2 × 0 12
12 ×11 13	3 × 0 14	12 × 1 15	11 × 2 16	12 × 1 17	6 × 9 18
10 × 4 19	6 × 3 20	1 × 6 21	8 × 2 22	2 × 3 23	11 × 3 24
12 × 2 25	11 × 8 26	4 × 9 27	11 × 5 28	10 × 9 29	8 × 1 30
6 × 6 31	11 × 0 32	10 × 4 33	9 × 6 34	0 × 9 35	4 × 2 36
10 × 2 37	10 × 6 38	12 × 6 39	11 ×11 40	12 × 3 41	3 × 9 42

MULTIPLICATIONS À UN CHIFFRE

DE NOMBRES INFÉRIEURS À 100

NOM :	DATE :	TEMPS :	SCORE OBTENU : /42

97 × 3 (1)	61 × 5 (2)	30 × 8 (3)	10 × 6 (4)	12 × 6 (5)	89 × 7 (6)
78 × 4 (7)	15 × 9 (8)	39 × 9 (9)	45 × 7 (10)	65 × 9 (11)	15 × 5 (12)
84 × 3 (13)	45 × 4 (14)	77 × 4 (15)	25 × 3 (16)	47 × 8 (17)	56 × 9 (18)
65 × 6 (19)	67 × 3 (20)	90 × 5 (21)	74 × 7 (22)	12 × 4 (23)	30 × 7 (24)
71 × 7 (25)	24 × 9 (26)	18 × 9 (27)	22 × 3 (28)	68 × 8 (29)	85 × 7 (30)
13 × 6 (31)	72 × 9 (32)	95 × 8 (33)	89 × 3 (34)	64 × 7 (35)	82 × 8 (36)
42 × 7 (37)	59 × 8 (38)	38 × 7 (39)	85 × 8 (40)	16 × 2 (41)	48 × 6 (42)

67

MULTIPLICATIONS À UN CHIFFRE

DE NOMBRES INFÉRIEURS À 100

NOM : DATE : TEMPS : SCORE OBTENU : /42

91 × 6 1	65 × 5 2	23 × 4 3	64 × 3 4	25 × 8 5	62 × 6 6
42 × 5 7	46 × 4 8	41 × 6 9	86 × 2 10	51 × 6 11	81 × 8 12
37 × 3 13	38 × 5 14	56 × 8 15	81 × 2 16	87 × 6 17	50 × 2 18
97 × 8 19	87 × 3 20	15 × 5 21	62 × 4 22	83 × 6 23	69 × 3 24
61 × 8 25	87 × 2 26	14 × 7 27	60 × 4 28	36 × 4 29	75 × 4 30
83 × 7 31	32 × 3 32	36 × 7 33	38 × 9 34	88 × 9 35	92 × 4 36
64 × 4 37	70 × 8 38	83 × 9 39	29 × 7 40	47 × 8 41	27 × 2 42

MULTIPLICATIONS À UN CHIFFRE

DE NOMBRES INFÉRIEURS À 100

NOM : DATE : TEMPS : SCORE OBTENU : /42

64 × 9 (1)	14 × 9 (2)	11 × 9 (3)	15 × 2 (4)	54 × 7 (5)	40 × 6 (6)
42 × 5 (7)	92 × 2 (8)	50 × 2 (9)	43 × 9 (10)	80 × 6 (11)	22 × 9 (12)
18 × 5 (13)	55 × 4 (14)	34 × 6 (15)	48 × 2 (16)	58 × 3 (17)	39 × 8 (18)
14 × 7 (19)	65 × 7 (20)	34 × 5 (21)	12 × 4 (22)	82 × 4 (23)	67 × 4 (24)
48 × 9 (25)	35 × 3 (26)	48 × 6 (27)	49 × 2 (28)	13 × 5 (29)	11 × 8 (30)
33 × 8 (31)	25 × 8 (32)	38 × 2 (33)	12 × 2 (34)	18 × 3 (35)	40 × 4 (36)
83 × 9 (37)	62 × 4 (38)	92 × 6 (39)	62 × 5 (40)	33 × 6 (41)	60 × 4 (42)

69

MULTIPLICATIONS À UN CHIFFRE

DE NOMBRES INFÉRIEURS À 100

NOM : DATE : TEMPS : SCORE OBTENU : /42

51 × 2 (1)	40 × 7 (2)	94 × 7 (3)	87 × 6 (4)	66 × 5 (5)	30 × 2 (6)
43 × 5 (7)	67 × 2 (8)	93 × 9 (9)	94 × 3 (10)	97 × 7 (11)	25 × 6 (12)
65 × 3 (13)	71 × 5 (14)	46 × 2 (15)	60 × 6 (16)	65 × 6 (17)	90 × 3 (18)
47 × 4 (19)	21 × 3 (20)	11 × 4 (21)	94 × 5 (22)	12 × 9 (23)	90 × 8 (24)
97 × 9 (25)	55 × 8 (26)	67 × 4 (27)	54 × 7 (28)	47 × 6 (29)	62 × 8 (30)
43 × 8 (31)	22 × 4 (32)	64 × 7 (33)	34 × 3 (34)	63 × 3 (35)	35 × 4 (36)
60 × 9 (37)	75 × 5 (38)	54 × 6 (39)	20 × 2 (40)	92 × 6 (41)	23 × 4 (42)

MULTIPLICATIONS À UN CHIFFRE

DE NOMBRES INFÉRIEURS À 100

NOM : DATE : TEMPS : SCORE OBTENU : /42

77 × 7 (1)	50 × 3 (2)	38 × 4 (3)	60 × 2 (4)	40 × 2 (5)	52 × 8 (6)
76 × 6 (7)	78 × 4 (8)	24 × 8 (9)	77 × 6 (10)	46 × 4 (11)	23 × 9 (12)
95 × 6 (13)	57 × 8 (14)	83 × 8 (15)	49 × 9 (16)	60 × 6 (17)	92 × 6 (18)
35 × 8 (19)	59 × 8 (20)	94 × 5 (21)	35 × 9 (22)	13 × 6 (23)	85 × 8 (24)
75 × 9 (25)	97 × 9 (26)	80 × 6 (27)	76 × 9 (28)	77 × 8 (29)	82 × 8 (30)
46 × 5 (31)	43 × 8 (32)	58 × 6 (33)	41 × 7 (34)	72 × 9 (35)	89 × 3 (36)
12 × 2 (37)	60 × 9 (38)	74 × 4 (39)	21 × 7 (40)	41 × 6 (41)	77 × 9 (42)

71

MULTIPLICATIONS À UN CHIFFRE

DE NOMBRES INFÉRIEURS À 100

NOM : DATE : TEMPS : SCORE OBTENU : /42

48 × 9 1	32 × 3 2	50 × 8 3	91 × 8 4	31 × 5 5	30 × 8 6
14 × 9 7	23 × 7 8	59 × 8 9	66 × 9 10	47 × 5 11	43 × 7 12
58 × 5 13	30 × 9 14	18 × 4 15	26 × 8 16	46 × 4 17	81 × 3 18
41 × 5 19	21 × 4 20	12 × 2 21	12 × 1 22	1 × 8 23	2 × 7 24
11 × 8 25	5 × 9 26	8 × 2 27	2 × 3 28	12 × 3 29	11 × 3 30
11 × 0 31	10 × 4 32	3 × 9 33	11 × 5 34	10 × 4 35	6 × 3 36
78 × 4 37	15 × 9 38	39 × 9 39	45 × 7 40	65 × 9 41	15 × 5 42

MULTIPLICATIONS À UN CHIFFRE

DE NOMBRES INFÉRIEURS À 100

72

NOM :	DATE :	TEMPS :	SCORE OBTENU : /42

69 × 6 (1)	32 × 8 (2)	45 × 6 (3)	35 × 5 (4)	69 × 9 (5)	58 × 9 (6)
60 × 3 (7)	98 × 2 (8)	23 × 9 (9)	21 × 4 (10)	18 × 6 (11)	54 × 2 (12)
35 × 6 (13)	89 × 9 (14)	72 × 2 (15)	33 × 2 (16)	23 × 7 (17)	86 × 8 (18)
73 × 2 (19)	63 × 2 (20)	30 × 7 (21)	10 × 6 (22)	45 × 7 (23)	65 × 9 (24)
65 × 6 (25)	90 × 5 (26)	97 × 3 (27)	61 × 5 (28)	25 × 3 (29)	47 × 8 (30)
12 × 6 (31)	89 × 7 (32)	15 × 5 (33)	39 × 9 (34)	78 × 4 (35)	15 × 9 (36)
67 × 3 (37)	74 × 7 (38)	56 × 9 (39)	77 × 4 (40)	84 × 3 (41)	45 × 4 (42)

73 MULTIPLICATIONS À UN CHIFFRE

DE NOMBRES INFÉRIEURS À 100

NOM : DATE : TEMPS : SCORE OBTENU : /42

85 × 3 1	27 × 8 2	33 × 8 3	55 × 2 4	75 × 3 5	54 × 8 6
52 × 7 7	66 × 5 8	96 × 7 9	30 × 5 10	79 × 7 11	97 × 6 12
57 × 9 13	21 × 2 14	57 × 7 15	84 × 4 16	28 × 7 17	25 × 7 18
71 × 2 19	21 × 6 20	50 × 2 21	87 × 6 22	41 × 6 23	86 × 2 24
38 × 5 25	23 × 4 26	69 × 3 27	83 × 6 28	81 × 8 29	51 × 6 30
87 × 3 31	37 × 3 32	56 × 8 33	81 × 2 34	42 × 5 35	46 × 4 36
64 × 3 37	97 × 8 38	15 × 5 39	62 × 4 40	62 × 6 41	25 × 8 42

MULTIPLICATIONS À UN CHIFFRE

DE NOMBRES INFÉRIEURS À 100

NOM : DATE : TEMPS : SCORE OBTENU : /42

92 × 8 (1)	31 × 5 (2)	66 × 4 (3)	30 × 9 (4)	65 × 5 (5)	66 × 7 (6)
26 × 5 (7)	26 × 9 (8)	79 × 6 (9)	20 × 7 (10)	26 × 4 (11)	11 × 3 (12)
57 × 4 (13)	67 × 9 (14)	66 × 6 (15)	95 × 2 (16)	60 × 9 (17)	91 × 3 (18)
65 × 9 (19)	87 × 4 (20)	12 × 4 (21)	54 × 7 (22)	55 × 4 (23)	34 × 6 (24)
15 × 2 (25)	34 × 5 (26)	64 × 9 (27)	80 × 6 (28)	14 × 9 (29)	48 × 2 (30)
43 × 9 (31)	11 × 9 (32)	42 × 5 (33)	40 × 6 (34)	92 × 2 (35)	58 × 3 (36)
39 × 8 (37)	50 × 2 (38)	14 × 7 (39)	22 × 9 (40)	65 × 7 (41)	18 × 5 (42)

MULTIPLICATIONS À UN CHIFFRE

DE NOMBRES INFÉRIEURS À 100

NOM : DATE : TEMPS : SCORE OBTENU : /42

26 × 7 1	24 × 9 2	94 × 4 3	46 × 5 4	64 × 3 5	81 × 8 6
26 × 5 7	72 × 5 8	75 × 2 9	99 × 7 10	77 × 9 11	42 × 6 12
22 × 6 13	64 × 9 14	38 × 2 15	64 × 2 16	18 × 4 17	73 × 9 18
12 × 8 19	44 × 2 20	46 × 2 21	60 × 6 22	65 × 3 23	71 × 5 24
66 × 5 25	30 × 2 26	94 × 7 27	87 × 6 28	51 × 2 29	40 × 7 30
97 × 7 31	25 × 6 32	93 × 9 33	94 × 3 34	43 × 5 35	67 × 2 36
11 × 4 37	21 × 3 38	65 × 6 39	90 × 3 40	47 × 4 41	12 × 9 42

MULTIPLICATIONS À UN CHIFFRE

DE NOMBRES INFÉRIEURS À 100

76

NOM :	DATE :	TEMPS :	SCORE OBTENU : /42

90 × 5 (1)	74 × 7 (2)	18 × 9 (3)	24 × 9 (4)	71 × 7 (5)	30 × 7 (6)
68 × 8 (7)	22 × 3 (8)	95 × 8 (9)	72 × 9 (10)	13 × 6 (11)	84 × 8 (12)
64 × 7 (13)	89 × 3 (14)	38 × 7 (15)	58 × 8 (16)	42 × 7 (17)	82 × 8 (18)
16 × 2 (19)	85 × 8 (20)	52 × 8 (21)	40 × 2 (22)	83 × 8 (23)	49 × 9 (24)
95 × 6 (25)	57 × 8 (26)	23 × 9 (27)	46 × 4 (28)	60 × 6 (29)	50 × 3 (30)
94 × 5 (31)	60 × 2 (32)	77 × 7 (33)	92 × 6 (34)	38 × 4 (35)	78 × 4 (36)
59 × 8 (37)	77 × 6 (38)	76 × 6 (39)	35 × 8 (40)	24 × 8 (41)	35 × 9 (42)

77 MULTIPLICATIONS À UN CHIFFRE DE NOMBRES INFÉRIEURS À 100

NOM :	DATE :	TEMPS :	SCORE OBTENU : /42

69 × 3 (1)	83 × 6 (2)	15 × 5 (3)	87 × 2 (4)	61 × 8 (5)	60 × 4 (6)
75 × 4 (7)	36 × 4 (8)	14 × 7 (9)	34 × 3 (10)	83 × 7 (11)	38 × 9 (12)
92 × 4 (13)	88 × 9 (14)	36 × 7 (15)	70 × 8 (16)	64 × 4 (17)	29 × 7 (18)
27 × 2 (19)	47 × 8 (20)	26 × 8 (21)	50 × 8 (22)	46 × 4 (23)	48 × 9 (24)
18 × 4 (25)	81 × 3 (26)	31 × 2 (27)	59 × 8 (28)	30 × 8 (29)	14 × 9 (30)
32 × 3 (31)	41 × 5 (32)	47 × 5 (33)	91 × 8 (34)	43 × 7 (35)	21 × 4 (36)
23 × 7 (37)	58 × 5 (38)	30 × 9 (39)	66 × 9 (40)	12 × 1 (41)	12 × 2 (42)

MULTIPLICATIONS À UN CHIFFRE

DE NOMBRES INFÉRIEURS À 100

78

NOM :	DATE :	TEMPS :	SCORE OBTENU : /42

12 × 4 (1)	82 × 4 (2)	34 × 5 (3)	35 × 3 (4)	48 × 9 (5)	11 × 8 (6)
49 × 2 (7)	13 × 5 (8)	48 × 6 (9)	25 × 8 (10)	33 × 8 (11)	40 × 4 (12)
12 × 2 (13)	18 × 3 (14)	38 × 2 (15)	62 × 4 (16)	83 × 9 (17)	60 × 4 (18)
62 × 5 (19)	33 × 6 (20)	65 × 9 (21)	45 × 7 (22)	58 × 9 (23)	69 × 9 (24)
54 × 2 (25)	69 × 6 (26)	47 × 8 (27)	25 × 3 (28)	45 × 4 (29)	18 × 6 (30)
89 × 9 (31)	60 × 3 (32)	32 × 8 (33)	10 × 6 (34)	24 × 7 (35)	35 × 5 (36)
33 × 2 (37)	23 × 7 (38)	98 × 2 (39)	61 × 5 (40)	72 × 2 (41)	21 × 4 (42)

79

MULTIPLICATIONS À UN CHIFFRE

DE NOMBRES INFÉRIEURS À 100

NOM : DATE : TEMPS : SCORE OBTENU : /42

94 × 5 (1)	35 × 9 (2)	24 × 2 (3)	23 × 6 (4)	76 × 6 (5)	97 × 9 (6)
80 × 6 (7)	75 × 9 (8)	52 × 8 (9)	76 × 9 (10)	77 × 8 (11)	43 × 8 (12)
58 × 6 (13)	46 × 5 (14)	21 × 7 (15)	42 × 6 (16)	77 × 9 (17)	60 × 9 (18)
74 × 4 (19)	12 × 2 (20)	57 × 9 (21)	21 × 2 (22)	57 × 7 (23)	84 × 4 (24)
28 × 7 (25)	25 × 7 (26)	71 × 2 (27)	75 × 3 (28)	54 × 8 (29)	85 × 3 (30)
21 × 6 (31)	33 × 8 (32)	55 × 2 (33)	79 × 7 (34)	97 × 8 (35)	52 × 7 (36)
50 × 2 (37)	96 × 7 (38)	30 × 5 (39)	66 × 5 (40)	87 × 6 (41)	41 × 6 (42)

MULTIPLICATIONS À UN CHIFFRE DE NOMBRES INFÉRIEURS À 100

80

NOM :	DATE :	TEMPS :	SCORE OBTENU : /42

90 × 8 1	12 × 9 2	11 × 4 3	55 × 8 4	94 × 5 5	49 × 3 6
62 × 8 7	47 × 6 8	67 × 4 9	22 × 4 10	54 × 6 11	20 × 2 12
35 × 4 13	63 × 3 14	64 × 7 15	75 × 5 16	34 × 3 17	42 × 4 18
23 × 4 19	92 × 6 20	57 × 4 21	26 × 4 22	11 × 3 23	67 × 9 24
66 × 6 25	79 × 6 26	20 × 7 27	66 × 4 28	30 × 9 29	95 × 2 30
60 × 9 31	91 × 3 32	92 × 8 33	31 × 5 34	64 × 9 35	87 × 4 36
65 × 5 37	66 × 7 38	12 × 4 39	26 × 5 40	26 × 9 41	54 × 7 42

DIVISIONS

NOM : DATE : TEMPS : SCORE OBTENU : /42

14 | 7 (1)	45 | 9 (2)	45 | 5 (3)	56 | 4 (4)	56 | 8 (5)	72 | 9 (6)
30 | 5 (7)	5 | 1 (8)	4 | 2 (9)	8 | 4 (10)	42 | 6 (11)	21 | 3 (12)
12 | 3 (13)	20 | 4 (14)	48 | 6 (15)	10 | 5 (16)	54 | 9 (17)	63 | 9 (18)
24 | 8 (19)	6 | 6 (20)	16 | 2 (21)	4 | 1 (22)	16 | 4 (23)	24 | 3 (24)
6 | 2 (25)	28 | 7 (26)	10 | 2 (27)	54 | 6 (28)	63 | 7 (29)	3 | 1 (30)
32 | 4 (31)	7 | 7 (32)	5 | 5 (33)	30 | 6 (34)	81 | 9 (35)	6 | 3 (36)
48 | 8 (37)	24 | 4 (38)	40 | 8 (39)	2 | 1 (40)	36 | 4 (41)	14 | 2 (42)

DIVISIONS

NOM : DATE : TEMPS : SCORE OBTENU : /42

1. 10 | 5
2. 45 | 5
3. 7 | 7
4. 16 | 4
5. 24 | 4
6. 20 | 4
7. 56 | 7
8. 35 | 7
9. 15 | 5
10. 18 | 6
11. 4 | 2
12. 3 | 3
13. 1 | 1
14. 24 | 8
15. 49 | 7
16. 32 | 4
17. 24 | 6
18. 63 | 9
19. 56 | 8
20. 14 | 2
21. 32 | 8
22. 5 | 1
23. 48 | 8
24. 27 | 3
25. 8 | 1
26. 40 | 8
27. 21 | 7
28. 6 | 6
29. 24 | 3
30. 8 | 2
31. 12 | 4
32. 36 | 9
33. 48 | 6
34. 9 | 1
35. 15 | 3
36. 54 | 9
37. 12 | 2
38. 12 | 6
39. 21 | 3
40. 2 | 1
41. 72 | 8
42. 16 | 8

DIVISIONS

NOM :	DATE :	TEMPS :	SCORE OBTENU : /42

81 | 9 (1)	12 | 2 (2)	49 | 7 (3)	3 | 1 (4)	24 | 8 (5)	45 | 5 (6)
8 | 1 (7)	9 | 3 (8)	35 | 5 (9)	40 | 4 (10)	27 | 9 (11)	63 | 9 (12)
32 | 4 (13)	54 | 6 (14)	18 | 2 (15)	40 | 5 (16)	72 | 8 (17)	32 | 8 (18)
8 | 2 (19)	16 | 4 (20)	5 | 5 (21)	72 | 9 (22)	6 | 2 (23)	54 | 9 (24)
16 | 2 (25)	10 | 2 (26)	24 | 6 (27)	28 | 7 (28)	4 | 4 (29)	48 | 6 (30)
24 | 3 (31)	3 | 3 (32)	7 | 7 (33)	2 | 1 (34)	35 | 7 (35)	42 | 6 (36)
12 | 4 (37)	36 | 4 (38)	30 | 6 (39)	5 | 1 (40)	6 | 3 (41)	36 | 6 (42)

DIVISIONS

84

NOM : DATE : TEMPS : SCORE OBTENU : /42

1. 80 | 8
2. 18 | 3
3. 15 | 3
4. 16 | 2
5. 6 | 1
6. 27 | 9
7. 18 | 9
8. 21 | 3
9. 72 | 8
10. 3 | 1
11. 6 | 2
12. 6 | 6
13. 24 | 3
14. 24 | 6
15. 8 | 4
16. 30 | 5
17. 35 | 5
18. 48 | 8
19. 56 | 7
20. 45 | 9
21. 42 | 6
22. 40 | 8
23. 21 | 7
24. 12 | 4
25. 36 | 9
26. 4 | 2
27. 24 | 4
28. 36 | 4
29. 7 | 7
30. 28 | 7
31. 9 | 1
32. 25 | 5
33. 24 | 8
34. 12 | 2
35. 8 | 2
36. 42 | 7
37. 3 | 3
38. 27 | 3
39. 48 | 6
40. 7 | 1
41. 14 | 2
42. 32 | 4

DIVISIONS

NOM : DATE : TEMPS : SCORE OBTENU : /42

24 4	50 5	14 7	18 6	6 3	5 1
1	2	3	4	5	6
56 7	72 9	54 6	6 6	10 2	35 5
7	8	9	10	11	12
36 6	42 7	63 7	21 3	45 9	40 8
13	14	15	16	17	18
25 5	12 2	27 9	56 8	24 3	3 1
19	20	21	22	23	24
18 2	45 5	12 3	5 5	12 4	18 9
25	26	27	28	29	30
3 3	16 2	9 9	16 4	2 1	20 4
31	32	33	34	35	36
4 1	64 8	24 8	49 7	21 7	14 2
37	38	39	40	41	42

DIVISIONS

86

NOM : DATE : TEMPS : SCORE OBTENU : /42

30 | 5 (1)	15 | 5 (2)	45 | 9 (3)	30 | 3 (4)	16 | 2 (5)	18 | 6 (6)
10 | 2 (7)	24 | 6 (8)	63 | 7 (9)	32 | 4 (10)	14 | 2 (11)	15 | 3 (12)
9 | 9 (13)	32 | 8 (14)	35 | 5 (15)	24 | 8 (16)	28 | 4 (17)	63 | 9 (18)
3 | 3 (19)	8 | 1 (20)	9 | 3 (21)	6 | 6 (22)	40 | 8 (23)	5 | 1 (24)
27 | 3 (25)	35 | 7 (26)	40 | 5 (27)	12 | 2 (28)	9 | 1 (29)	36 | 9 (30)
28 | 7 (31)	16 | 8 (32)	8 | 2 (33)	21 | 7 (34)	4 | 1 (35)	36 | 4 (36)
12 | 6 (37)	54 | 9 (38)	4 | 4 (39)	14 | 7 (40)	16 | 4 (41)	24 | 3 (42)

87 DIVISIONS

NOM : DATE : TEMPS : SCORE OBTENU : /42

18 | 3 (1)	8 | 8 (2)	15 | 5 (3)	63 | 9 (4)	10 | 5 (5)	7 | 1 (6)
4 | 1 (7)	56 | 8 (8)	21 | 3 (9)	24 | 4 (10)	5 | 5 (11)	21 | 7 (12)
6 | 2 (13)	36 | 6 (14)	18 | 6 (15)	32 | 4 (16)	35 | 7 (17)	9 | 3 (18)
49 | 7 (19)	72 | 8 (20)	16 | 8 (21)	24 | 6 (22)	18 | 2 (23)	28 | 4 (24)
40 | 5 (25)	64 | 8 (26)	10 | 2 (27)	72 | 9 (28)	4 | 2 (29)	3 | 1 (30)
54 | 9 (31)	20 | 5 (32)	28 | 7 (33)	30 | 6 (34)	12 | 6 (35)	8 | 2 (36)
3 | 3 (37)	14 | 2 (38)	9 | 1 (39)	42 | 7 (40)	6 | 6 (41)	24 | 3 (42)

DIVISIONS

88

NOM :	DATE :	TEMPS :	SCORE OBTENU : /42

16 │ 8	3 │ 3	42 │ 7	6 │ 6	16 │ 2	36 │ 4
1	2	3	4	5	6
30 │ 5	15 │ 5	9 │ 3	42 │ 6	8 │ 2	27 │ 9
7	8	9	10	11	12
56 │ 7	14 │ 2	30 │ 6	2 │ 2	6 │ 3	6 │ 1
13	14	15	16	17	18
3 │ 1	21 │ 3	4 │ 1	81 │ 9	35 │ 7	45 │ 5
19	20	21	22	23	24
18 │ 6	56 │ 8	8 │ 1	36 │ 6	20 │ 4	12 │ 3
25	26	27	28	29	30
8 │ 8	9 │ 1	65 │ 5	40 │ 5	49 │ 7	32 │ 4
31	32	33	34	35	36
18 │ 9	40 │ 8	36 │ 9	12 │ 4	72 │ 8	32 │ 8
37	38	39	40	41	42

DIVISIONS

NOM : DATE : TEMPS : SCORE OBTENU : /42

48 │ 8 (1)	12 │ 1 (2)	27 │ 9 (3)	12 │ 4 (4)	40 │ 8 (5)	56 │ 8 (6)
6 │ 1 (7)	10 │ 2 (8)	15 │ 3 (9)	5 │ 1 (10)	24 │ 3 (11)	2 │ 2 (12)
9 │ 9 (13)	49 │ 7 (14)	3 │ 3 (15)	8 │ 4 (16)	70 │ 7 (17)	63 │ 7 (18)
21 │ 7 (19)	42 │ 6 (20)	64 │ 8 (21)	18 │ 9 (22)	30 │ 5 (23)	6 │ 2 (24)
18 │ 6 (25)	4 │ 1 (26)	40 │ 4 (27)	48 │ 4 (28)	35 │ 5 (29)	20 │ 5 (30)
7 │ 7 (31)	48 │ 6 (32)	32 │ 8 (33)	14 │ 2 (34)	32 │ 4 (35)	54 │ 9 (36)
10 │ 5 (37)	40 │ 5 (38)	54 │ 6 (39)	36 │ 3 (40)	21 │ 3 (41)	72 │ 8 (42)

DIVISIONS

90

NOM :	DATE :	TEMPS :	SCORE OBTENU : /42

1. 6 | 1
2. 20 | 4
3. 48 | 8
4. 32 | 8
5. 1 | 1
6. 25 | 5
7. 54 | 6
8. 48 | 6
9. 36 | 9
10. 18 | 2
11. 8 | 4
12. 45 | 9
13. 15 | 5
14. 50 | 5
15. 2 | 1
16. 10 | 2
17. 8 | 8
18. 12 | 3
19. 16 | 2
20. 5 | 1
21. 4 | 4
22. 24 | 4
23. 56 | 7
24. 16 | 8
25. 18 | 6
26. 6 | 6
27. 21 | 3
28. 63 | 7
29. 49 | 7
30. 72 | 9
31. 35 | 7
32. 14 | 2
33. 18 | 3
34. 9 | 3
35. 45 | 5
36. 2 | 2
37. 7 | 1
38. 28 | 7
39. 10 | 5
40. 54 | 9
41. 21 | 7
42. 12 | 4

91

DIVISIONS

NOM : DATE : TEMPS : SCORE OBTENU : /42

1. 12 | 4
2. 60 | 6
3. 121 | 11
4. 9 | 1
5. 44 | 11
6. 84 | 7
7. 121 | 11
8. 80 | 10
9. 48 | 8
10. 84 | 12
11. 90 | 9
12. 6 | 6
13. 84 | 12
14. 96 | 8
15. 77 | 7
16. 60 | 10
17. 27 | 3
18. 30 | 5
19. 99 | 9
20. 56 | 8
21. 8 | 2
22. 36 | 12
23. 6 | 3
24. 25 | 5
25. 16 | 2
26. 20 | 2
27. 20 | 4
28. 32 | 4
29. 36 | 4
30. 20 | 5
31. 40 | 8
32. 6 | 2
33. 12 | 6
34. 54 | 9
35. 144 | 12
36. 5 | 1
37. 24 | 3
38. 6 | 6
39. 7 | 7
40. 15 | 5
41. 90 | 10
42. 8 | 4

DIVISIONS

92

NOM : DATE : TEMPS : SCORE OBTENU : /42

80 │ 8 (1)	6 │ 2 (2)	120 │ 12 (3)	84 │ 12 (4)	25 │ 5 (5)	20 │ 10 (6)
6 │ 6 (7)	72 │ 9 (8)	121 │ 11 (9)	90 │ 10 (10)	48 │ 6 (11)	15 │ 5 (12)
36 │ 9 (13)	40 │ 10 (14)	72 │ 12 (15)	33 │ 3 (16)	14 │ 2 (17)	15 │ 3 (18)
24 │ 6 (19)	10 │ 1 (20)	48 │ 4 (21)	11 │ 1 (22)	144 │ 12 (23)	2 │ 2 (24)
60 │ 10 (25)	6 │ 1 (26)	32 │ 4 (27)	99 │ 11 (28)	77 │ 7 (29)	27 │ 3 (30)
60 │ 5 (31)	66 │ 11 (32)	56 │ 8 (33)	110 │ 11 (34)	14 │ 2 (35)	63 │ 7 (36)
16 │ 4 (37)	7 │ 7 (38)	20 │ 4 (39)	8 │ 8 (40)	30 │ 10 (41)	9 │ 3 (42)

93 DIVISIONS

NOM : DATE : TEMPS : SCORE OBTENU : /42

1	24	12
2	5	5
3	56	8
4	77	7
5	90	9
6	78	6
7	49	7
8	72	6
9	2	1
10	27	3
11	48	4
12	96	12
13	10	2
14	54	9
15	4	1
16	6	2
17	12	12
18	72	8
19	8	2
20	28	7
21	18	9
22	27	9
23	20	4
24	88	11
25	18	3
26	120	10
27	35	5
28	110	11
29	80	10
30	3	3
31	16	8
32	50	5
33	6	1
34	11	11
35	44	4
36	15	3
37	60	6
38	60	12
39	20	5
40	77	11
41	36	12
42	30	3

DIVISIONS

NOM : DATE : TEMPS : SCORE OBTENU : /42

42 ÷ 7 (1)	2 ÷ 1 (2)	30 ÷ 10 (3)	14 ÷ 2 (4)	8 ÷ 2 (5)	21 ÷ 3 (6)
24 ÷ 3 (7)	30 ÷ 6 (8)	99 ÷ 9 (9)	44 ÷ 11 (10)	108 ÷ 12 (11)	96 ÷ 8 (12)
80 ÷ 8 (13)	8 ÷ 1 (14)	9 ÷ 1 (15)	70 ÷ 7 (16)	9 ÷ 9 (17)	6 ÷ 1 (18)
2 ÷ 2 (19)	30 ÷ 3 (20)	24 ÷ 8 (21)	110 ÷ 10 (22)	33 ÷ 11 (23)	4 ÷ 4 (24)
20 ÷ 10 (25)	40 ÷ 5 (26)	12 ÷ 12 (27)	120 ÷ 12 (28)	88 ÷ 11 (29)	30 ÷ 5 (30)
132 ÷ 12 (31)	24 ÷ 4 (32)	84 ÷ 7 (33)	108 ÷ 9 (34)	36 ÷ 3 (35)	10 ÷ 2 (36)
22 ÷ 11 (37)	36 ÷ 4 (38)	25 ÷ 5 (39)	12 ÷ 6 (40)	11 ÷ 11 (41)	22 ÷ 2 (42)

95

DIVISIONS

NOM : DATE : TEMPS : SCORE OBTENU : /42

72 ÷ 12 (1)	12 ÷ 6 (2)	54 ÷ 6 (3)	22 ÷ 11 (4)	96 ÷ 12 (5)	8 ÷ 2 (6)
48 ÷ 4 (7)	28 ÷ 7 (8)	21 ÷ 3 (9)	18 ÷ 6 (10)	40 ÷ 5 (11)	72 ÷ 8 (12)
4 ÷ 1 (13)	30 ÷ 6 (14)	49 ÷ 7 (15)	20 ÷ 5 (16)	88 ÷ 8 (17)	10 ÷ 5 (18)
56 ÷ 8 (19)	45 ÷ 9 (20)	12 ÷ 2 (21)	40 ÷ 10 (22)	90 ÷ 9 (23)	20 ÷ 4 (24)
99 ÷ 11 (25)	30 ÷ 10 (26)	30 ÷ 3 (27)	12 ÷ 12 (28)	72 ÷ 9 (29)	11 ÷ 1 (30)
88 ÷ 11 (31)	40 ÷ 4 (32)	5 ÷ 5 (33)	100 ÷ 10 (34)	3 ÷ 1 (35)	18 ÷ 3 (36)
63 ÷ 7 (37)	99 ÷ 9 (38)	20 ÷ 10 (39)	11 ÷ 11 (40)	5 ÷ 1 (41)	77 ÷ 7 (42)

DIVISIONS

96

NOM : DATE : TEMPS : SCORE OBTENU : /42

1. 30 │ 6	2. 16 │ 2	3. 5 │ 5	4. 72 │ 9	5. 52 │ 4	6. 22 │ 2
7. 48 │ 8	8. 15 │ 3	9. 10 │ 10	10. 24 │ 12	11. 99 │ 9	12. 28 │ 4
13. 36 │ 6	14. 12 │ 6	15. 42 │ 6	16. 18 │ 9	17. 7 │ 7	18. 80 │ 8
19. 40 │ 8	20. 30 │ 5	21. 90 │ 10	22. 8 │ 4	23. 6 │ 1	24. 4 │ 2
25. 90 │ 9	26. 15 │ 5	27. 84 │ 12	28. 144 │ 12	29. 70 │ 7	30. 21 │ 7
31. 100 │ 10	32. 27 │ 3	33. 32 │ 8	34. 96 │ 12	35. 48 │ 4	36. 4 │ 1
37. 99 │ 11	38. 10 │ 2	39. 28 │ 7	40. 33 │ 3	41. 77 │ 7	42. 60 │ 10

DIVISIONS

NOM : DATE : TEMPS : SCORE OBTENU : /42

1. 110 | 11
2. 84 | 12
3. 35 | 5
4. 56 | 8
5. 81 | 9
6. 12 | 2
7. 70 | 10
8. 36 | 4
9. 36 | 9
10. 15 | 3
11. 50 | 10
12. 72 | 9
13. 22 | 11
14. 100 | 10
15. 24 | 2
16. 20 | 5
17. 30 | 10
18. 9 | 3
19. 3 | 3
20. 14 | 7
21. 9 | 1
22. 14 | 2
23. 36 | 6
24. 28 | 7
25. 52 | 4
26. 24 | 6
27. 4 | 2
28. 60 | 5
29. 24 | 12
30. 35 | 7
31. 60 | 6
32. 72 | 12
33. 15 | 5
34. 1 | 1
35. 64 | 8
36. 54 | 6
37. 88 | 11
38. 9 | 9
39. 77 | 7
40. 40 | 8
41. 48 | 4
42. 11 | 1

DIVISIONS

98

NOM : DATE : TEMPS : SCORE OBTENU : /42

1. 40 | 4
2. 30 | 6
3. 44 | 11
4. 40 | 5
5. 90 | 10
6. 3 | 3
7. 66 | 11
8. 4 | 1
9. 84 | 12
10. 121 | 11
11. 24 | 6
12. 56 | 8
13. 20 | 10
14. 50 | 5
15. 27 | 9
16. 44 | 4
17. 36 | 12
18. 30 | 3
19. 8 | 4
20. 45 | 9
21. 48 | 4
22. 2 | 2
23. 14 | 2
24. 48 | 8
25. 45 | 5
26. 33 | 11
27. 55 | 5
28. 12 | 2
29. 56 | 7
30. 48 | 12
31. 108 | 9
32. 10 | 1
33. 24 | 3
34. 60 | 10
35. 9 | 9
36. 1 | 1
37. 64 | 8
38. 60 | 12
39. 40 | 8
40. 7 | 1
41. 12 | 12
42. 72 | 8

99 DIVISIONS

NOM : DATE : TEMPS : SCORE OBTENU : /42

16 | 4 (1)	50 | 10 (2)	12 | 2 (3)	3 | 1 (4)	30 | 6 (5)	99 | 11 (6)
21 | 7 (7)	36 | 6 (8)	14 | 7 (9)	24 | 6 (10)	63 | 9 (11)	4 | 4 (12)
5 | 1 (13)	48 | 4 (14)	108 | 12 (15)	33 | 3 (16)	25 | 5 (17)	8 | 8 (18)
4 | 1 (19)	84 | 7 (20)	80 | 8 (21)	60 | 5 (22)	11 | 11 (23)	22 | 2 (24)
9 | 3 (25)	50 | 5 (26)	6 | 3 (27)	45 | 9 (28)	16 | 2 (29)	36 | 3 (30)
99 | 9 (31)	110 | 11 (32)	18 | 6 (33)	9 | 9 (34)	56 | 7 (35)	72 | 12 (36)
40 | 4 (37)	84 | 12 (38)	30 | 10 (39)	56 | 8 (40)	72 | 9 (41)	11 | 1 (42)

DIVISIONS

100

NOM :	DATE :	TEMPS :	SCORE OBTENU : /42

20 | 10 (1)	48 | 12 (2)	35 | 5 (3)	40 | 5 (4)	24 | 6 (5)	24 | 4 (6)
100 | 10 (7)	24 | 2 (8)	80 | 8 (9)	110 | 11 (10)	36 | 4 (11)	30 | 5 (12)
120 | 10 (13)	12 | 3 (14)	20 | 4 (15)	16 | 8 (16)	32 | 8 (17)	4 | 2 (18)
33 | 11 (19)	48 | 6 (20)	56 | 7 (21)	5 | 1 (22)	77 | 7 (23)	120 | 12 (24)
10 | 1 (25)	12 | 1 (26)	81 | 9 (27)	7 | 1 (28)	54 | 9 (29)	54 | 6 (30)
12 | 12 (31)	132 | 11 (32)	110 | 10 (33)	9 | 3 (34)	63 | 9 (35)	9 | 9 (36)
40 | 8 (37)	28 | 4 (38)	30 | 6 (39)	21 | 3 (40)	30 | 3 (41)	24 | 8 (42)

RÉSULTATS

1	2	3	4	5	6	7
1. 1291	1. 1890	1. 585	1. 721	1. 1196	1. 1624	1. 1272
2. 1133	2. 1406	2. 1007	2. 1210	2. 1400	2. 953	2. 1164
3. 804	3. 863	3. 1634	3. 1331	3. 1728	3. 663	3. 1234
4. 1149	4. 1903	4. 832	4. 1192	4. 1320	4. 953	4. 1458
5. 1763	5. 409	5. 1207	5. 735	5. 524	5. 1549	5. 1140
6. 1139	6. 1074	6. 1237	6. 673	6. 964	6. 1099	6. 724
7. 1944	7. 1410	7. 587	7. 1244	7. 1551	7. 1810	7. 1534
8. 1144	8. 1346	8. 1650	8. 1131	8. 534	8. 1238	8. 1542
9. 1371	9. 857	9. 1504	9. 1534	9. 1062	9. 696	9. 1357
10. 1196	10. 794	10. 1380	10. 1085	10. 1094	10. 933	10. 965
11. 587	11. 1695	11. 1609	11. 892	11. 1018	11. 980	11. 1321
12. 1097	12. 666	12. 1330	12. 1171	12. 1068	12. 738	12. 578
13. 1366	13. 1261	13. 939	13. 957	13. 663	13. 1052	13. 1179
14. 1499	14. 1157	14. 1153	14. 1076	14. 1218	14. 1637	14. 1206
15. 906	15. 642	15. 509	15. 1380	15. 474	15. 733	15. 818
16. 1762	16. 725	16. 1732	16. 1797	16. 1019	16. 1708	16. 1156
17. 1833	17. 618	17. 969	17. 971	17. 1233	17. 873	17. 1422
18. 278	18. 1002	18. 682	18. 1816	18. 1986	18. 1097	18. 962
19. 456	19. 567	19. 660	19. 911	19. 1122	19. 520	19. 1527
20. 1175	20. 1457	20. 984	20. 1003	20. 1197	20. 1229	20. 1479
21. 1287	21. 731	21. 1484	21. 516	21. 1123	21. 1031	21. 900
22. 1378	22. 948	22. 420	22. 641	22. 256	22. 1027	22. 768
23. 1340	23. 1676	23. 1212	23. 1003	23. 867	23. 1095	23. 1640
24. 1681	24. 1249	24. 972	24. 880	24. 473	24. 484	24. 1045
25. 624	25. 1616	25. 1616	25. 811	25. 885	25. 408	25. 1729
26. 1839	26. 1332	26. 891	26. 695	26. 971	26. 1314	26. 1010
27. 948	27. 1382	27. 889	27. 1284	27. 377	27. 1109	27. 738
28. 741	28. 798	28. 1294	28. 660	28. 968	28. 1424	28. 1799
29. 1840	29. 1571	29. 702	29. 916	29. 1085	29. 1374	29. 1300
30. 635	30. 1491	30. 1069	30. 1213	30. 707	30. 1100	30. 1227
31. 1089	31. 857	31. 1021	31. 984	31. 1660	31. 1526	31. 1644
32. 301	32. 916	32. 1004	32. 841	32. 839	32. 1309	32. 1088
33. 1111	33. 1232	33. 1886	33. 382	33. 1097	33. 1301	33. 1046
34. 973	34. 984	34. 1117	34. 1009	34. 1189	34. 528	34. 1260
35. 1341	35. 633	35. 844	35. 654	35. 833	35. 886	35. 351
36. 1174	36. 543	36. 1666	36. 1593	36. 1050	36. 1641	36. 1256
37. 1038	37. 992	37. 1341	37. 1002	37. 899	37. 462	37. 1307
38. 674	38. 1908	38. 882	38. 1445	38. 1508	38. 1391	38. 1417
39. 1511	39. 918	39. 572	39. 702	39. 959	39. 586	39. 1453
40. 988	40. 740	40. 632	40. 825	40. 766	40. 733	40. 1009
41. 1448	41. 626	41. 1415	41. 249	41. 592	41. 791	41. 559
42. 849	42. 1051	42. 1143	42. 636	42. 1308	42. 960	42. 1504

RÉSULTATS

	8	9	10	11	12	13	14
1.	889	1148	1385	1178	1106	998	1121
2.	1255	670	1238	946	1625	1123	1191
3.	1076	652	1082	1186	631	1391	1423
4.	1220	436	1506	1128	1158	1549	828
5.	1189	875	1059	917	605	748	492
6.	586	1287	1029	1062	492	1322	1248
7.	785	1761	831	941	955	1098	1390
8.	1632	1072	883	1533	652	771	818
9.	1422	992	977	1276	1118	618	867
10.	1698	1373	1521	1436	682	927	1242
11.	1636	1218	986	1718	1186	1020	1207
12.	917	1154	784	953	1184	708	435
13.	1562	1267	445	1003	979	1169	657
14.	1358	1185	408	640	1072	812	1547
15.	1036	1109	913	1148	711	1296	1186
16.	1143	1176	312	888	996	792	1221
17.	911	561	1106	622	1266	1407	1023
18.	931	734	1645	1144	1133	389	551
19.	1516	995	919	834	1610	1354	963
20.	576	854	1825	1028	864	946	1299
21.	1289	1376	236	1124	896	1068	1423
22.	461	1514	1425	1592	1303	691	884
23.	1189	1410	1699	1308	1815	1171	1204
24.	1612	321	872	893	337	1407	1961
25.	1092	1651	988	1623	576	979	1310
26.	1558	843	965	592	483	950	1050
27.	706	464	1394	1786	1159	1023	1115
28.	672	1266	1287	1429	1138	731	714
29.	1206	1143	1223	769	1522	875	1108
30.	835	1045	845	950	1164	1047	1019
31.	1855	1010	908	1410	1944	660	721
32.	1418	1212	406	1346	1144	984	1210
33.	1712	1139	885	857	1371	1484	1331
34.	1110	375	971	794	1196	420	1192
35.	632	527	1235	1695	587	1212	735
36.	1152	1755	816	666	1097	972	673
37.	1218	504	1461	567	624	587	911
38.	826	908	792	1457	1839	1650	1003
39.	1344	1399	1841	731	948	1504	516
40.	1444	589	953	948	741	1380	641
41.	529	712	993	1676	1840	1609	1003
42.	1160	1238	1103	1249	635	1330	880

RÉSULTATS

	15	16	17	18	19	20	21
1.	1233	775	1465	1621	994	1055	1188
2.	1690	1109	616	1236	1182	820	1061
3.	606	999	1395	1915	897	1076	1646
4.	401	1540	1607	1160	961	1170	1128
5.	1313	419	1429	1122	1622	1144	545
6.	850	1614	242	1643	315	1441	785
7.	1655	1834	1893	1014	971	1022	1089
8.	1286	1268	1060	865	1473	1191	301
9.	447	665	707	712	1335	754	1111
10.	923	1236	1300	563	1149	1075	973
11.	819	826	896	642	698	1143	1341
12.	967	397	1037	692	815	559	1174
13.	691	1977	1178	822	925	822	1263
14.	1097	1167	681	784	1645	979	453
15.	1505	1405	312	737	990	1656	1507
16.	1277	1331	1098	1692	1171	1334	877
17.	802	1376	1482	632	1955	706	905
18.	1076	481	1245	791	965	1492	465
19.	1297	573	1687	835	1454	1380	1038
20.	1331	1586	1745	763	1349	1424	674
21.	1685	570	661	1268	1397	927	1511
22.	1007	1472	1855	548	1208	1058	988
23.	861	1413	704	1326	1198	1232	1448
24.	1415	1261	1105	1281	667	1172	849
25.	896	1365	766	752	1443	373	1531
26.	1215	1279	705	1681	837	1374	483
27.	558	693	1792	1415	830	1732	1109
28.	535	1500	584	298	1000	909	949
29.	815	1235	1525	1721	563	868	959
30.	1496	1082	920	919	1176	1264	1477
31.	1551	1624	1179	785	1267	1385	1003
32.	534	953	1206	1632	1185	1238	640
33.	1062	663	818	1422	1109	1082	1148
34.	1094	953	1156	1698	1176	1506	888
35.	1018	1549	1422	1636	561	1059	622
36.	1068	1099	962	917	734	1029	1144
37.	885	520	1729	1516	995	445	1623
38.	971	1229	1010	576	854	408	592
39.	377	1031	738	1289	1376	913	1786
40.	968	1027	1799	461	1514	312	1429
41.	1085	1095	1300	1189	1410	1106	769
42.	707	484	1227	1612	321	1645	950

RÉSULTATS

22	23	24	25	26	27	28
1. 951	1. 1021	1. 1166	1. 1059	1. 463	1. 360	1. 218
2. 696	2. 1004	2. 900	2. 1594	2. 259	2. 70	2. 255
3. 1241	3. 1886	3. 1490	3. 1503	3. 424	3. 168	3. 461
4. 1195	4. 1117	4. 1090	4. 410	4. 258	4. 393	4. 389
5. 992	5. 844	5. 1052	5. 761	5. 250	5. 46	5. 162
6. 502	6. 1666	6. 1006	6. 855	6. 267	6. 565	6. 108
7. 857	7. 1379	7. 1609	7. 899	7. 100	7. 96	7. 190
8. 916	8. 1371	8. 819	8. 1508	8. 325	8. 744	8. 14
9. 1232	9. 833	9. 918	9. 959	9. 230	9. 158	9. 378
10. 984	10. 764	10. 841	10. 766	10. 125	10. 670	10. 424
11. 633	11. 1448	11. 876	11. 592	11. 169	11. 37	11. 155
12. 543	12. 335	12. 821	12. 1308	12. 438	12. 262	12. 336
13. 1441	13. 1341	13. 1002	13. 1172	13. 412	13. 2	13. 123
14. 1234	14. 882	14. 1445	14. 1002	14. 125	14. 333	14. 278
15. 1511	15. 572	15. 702	15. 1750	15. 407	15. 442	15. 4
16. 1524	16. 632	16. 825	16. 849	16. 24	16. 808	16. 62
17. 213	17. 1415	17. 249	17. 1367	17. 118	17. 753	17. 16
18. 959	18. 1143	18. 636	18. 1439	18. 307	18. 167	18. 324
19. 1188	19. 1277	19. 1603	19. 1660	19. 49	19. 259	19. 74
20. 1340	20. 1566	20. 1543	20. 839	20. 439	20. 575	20. 645
21. 416	21. 1089	21. 1309	21. 1097	21. 171	21. 79	21. 401
22. 408	22. 1192	22. 593	22. 1189	22. 142	22. 475	22. 780
23. 1218	23. 583	23. 864	23. 833	23. 527	23. 21	23. 132
24. 989	24. 771	24. 894	24. 1050	24. 396	24. 458	24. 404
25. 992	25. 1739	25. 984	25. 1209	25. 2	25. 71	25. 467
26. 1908	26. 1385	26. 841	26. 1034	26. 266	26. 11	26. 381
27. 918	27. 1469	27. 382	27. 1414	27. 51	27. 55	27. 408
28. 740	28. 1195	28. 1009	28. 1463	28. 208	28. 500	28. 257
29. 626	29. 1199	29. 654	29. 1211	29. 192	29. 126	29. 189
30. 1051	30. 1621	30. 1593	30. 916	30. 703	30. 170	30. 625
31. 955	31. 998	31. 963	31. 691	31. 187	31. 16	31. 288
32. 652	32. 1123	32. 1299	32. 1097	32. 93	32. 766	32. 132
33. 1118	33. 1391	33. 1423	33. 1505	33. 88	33. 281	33. 19
34. 682	34. 1549	34. 884	34. 1277	34. 425	34. 641	34. 710
35. 1186	35. 748	35. 1204	35. 802	35. 719	35. 206	35. 624
36. 1184	36. 1322	36. 1961	36. 1076	36. 448	36. 856	36. 315
37. 1610	37. 979	37. 1390	37. 896	37. 334	37. 37	37. 614
38. 864	38. 950	38. 818	38. 1215	38. 128	38. 296	38. 304
39. 896	39. 1023	39. 867	39. 558	39. 215	39. 343	39. 261
40. 1303	40. 731	40. 1242	40. 535	40. 516	40. 168	40. 575
41. 1815	41. 875	41. 1207	41. 815	41. 365	41. 373	41. 215
42. 337	42. 1047	42. 435	42. 1496	42. 539	42. 108	42. 31

RÉSULTATS

	29	30	31	32	33	34	35
1.	466	439	410	222	212	161	512
2.	20	196	90	314	188	280	138
3.	388	17	135	368	368	149	148
4.	740	476	192	227	69	127	8
5.	163	389	297	40	195	215	745
6.	214	8	289	130	346	87	561
7.	501	266	238	11	366	6	715
8.	65	30	44	136	39	9	338
9.	312	3	134	180	99	128	183
10.	119	109	268	203	564	404	188
11.	75	45	322	731	712	211	83
12.	51	458	460	721	411	61	617
13.	134	851	139	219	13	96	17
14.	528	310	19	220	267	100	337
15.	171	43	29	1	43	230	505
16.	153	571	48	505	656	24	590
17.	161	397	28	201	273	187	57
18.	193	143	324	10	229	309	201
19.	210	3	687	34	265	123	110
20.	86	326	447	500	322	2	297
21.	315	27	94	480	46	273	494
22.	171	697	179	241	98	433	403
23.	198	703	158	10	16	393	482
24.	346	325	155	263	407	449	436
25.	500	621	811	102	373	106	268
26.	83	92	417	262	837	566	621
27.	136	573	146	94	358	76	131
28.	198	264	361	521	574	201	517
29.	778	162	166	336	498	777	68
30.	544	535	385	324	505	141	717
31.	229	749	12	76	163	457	357
32.	55	21	622	234	703	249	157
33.	108	186	431	72	50	276	200
34.	310	148	522	629	62	71	296
35.	211	102	792	24	152	558	53
36.	313	673	282	17	717	207	797
37.	173	341	366	128	373	196	64
38.	522	234	302	11	46	194	143
39.	454	224	727	278	132	272	181
40.	447	94	339	48	91	200	102
41.	7	293	239	423	264	470	154
42.	436	103	303	282	171	601	435

RÉSULTATS

	36	37	38	39	40	41	42
1.	398	16	586	6	749	246	204
2.	501	766	57	60	21	63	143
3.	234	281	810	729	186	346	680
4.	400	641	17	258	148	306	570
5.	257	206	397	162	102	160	297
6.	394	856	797	155	673	131	601
7.	335	111	288	173	684	116	76
8.	171	117	132	522	347	484	234
9.	316	428	19	454	299	67	72
10.	231	50	710	447	242	16	629
11.	326	501	624	7	262	110	24
12.	568	12	315	436	188	704	17
13.	187	37	614	400	341	12	430
14.	93	296	304	199	234	622	475
15.	88	343	261	136	224	431	289
16.	425	168	575	737	94	522	140
17.	719	373	215	750	293	792	296
18.	448	108	31	27	103	282	462
19.	111	18	373	138	259	366	128
20.	152	443	579	453	612	302	11
21.	344	107	490	203	71	727	278
22.	18	5	367	266	442	339	48
23.	699	661	357	99	287	239	423
24.	249	234	134	50	711	303	282
25.	334	52	43	229	639	96	365
26.	128	323	8	55	576	208	457
27.	215	153	45	108	326	460	540
28.	516	556	103	310	217	228	166
29.	365	111	603	211	12	403	173
30.	539	369	390	313	385	403	650
31.	338	207	503	128	591	96	218
32.	124	352	507	72	356	744	255
33.	543	55	502	464	322	158	461
34.	27	719	20	121	296	670	389
35.	214	93	215	524	620	37	162
36.	542	111	301	420	519	262	108
37.	361	286	236	545	28	71	467
38.	354	95	271	531	121	11	381
39.	71	705	270	206	548	55	408
40.	532	352	138	16	141	500	257
41.	531	460	166	440	372	126	189
42.	298	270	365	385	361	170	625

RÉSULTATS

	43	44	45	46	47	48	49
1.	243	196	564	184	649	755	628
2.	5	194	417	547	183	433	468
3.	14	272	56	179	568	114	545
4.	188	200	525	91	377	549	192
5.	129	470	45	146	174	525	67
6.	274	601	402	307	7	425	127
7.	373	295	584	361	431	503	445
8.	46	253	58	354	435	507	42
9.	132	189	652	71	524	502	141
10.	91	133	94	532	544	20	92
11.	264	552	47	531	645	215	25
12.	171	526	49	298	527	301	51
13.	163	457	357	793	286	495	545
14.	703	249	157	101	95	89	531
15.	50	276	200	403	705	158	206
16.	62	71	296	171	352	587	16
17.	152	558	53	518	460	396	440
18.	717	207	797	165	270	150	385
19.	296	317	508	338	59	236	456
20.	66	269	37	124	395	271	124
21.	427	68	182	543	55	270	207
22.	113	324	233	27	613	138	169
23.	413	601	329	214	428	166	172
24.	532	327	205	542	231	365	589
25.	469	725	64	26	207	272	128
26.	114	60	143	374	352	142	72
27.	647	123	181	49	55	184	464
28.	295	537	102	37	719	756	121
29.	526	124	154	95	93	30	524
30.	363	570	435	240	111	50	420
31.	210	3	139	11	212	106	17
32.	86	326	19	136	188	566	337
33.	315	27	29	180	368	76	505
34.	171	697	48	203	69	201	590
35.	198	703	28	731	195	777	57
36.	346	325	324	721	346	141	201
37.	466	266	811	34	13	123	512
38.	20	30	417	500	267	2	138
39.	388	3	146	480	43	273	148
40.	740	109	361	241	656	433	8
41.	163	45	166	10	273	393	745
42.	214	458	385	263	229	449	561

RÉSULTATS

	50	51	52	53	54	55	56
1.	401	54	4	7	14	0	0
2.	44	12	24	21	20	7	60
3.	473	36	21	0	64	6	40
4.	339	2	12	6	12	5	35
5.	360	2	48	4	63	0	90
6.	101	35	28	18	0	30	72
7.	28	3	8	0	0	32	10
8.	121	32	42	8	42	21	0
9.	548	25	0	8	40	35	24
10.	141	16	28	81	54	24	18
11.	372	40	12	16	49	1	18
12.	361	5	30	0	35	6	20
13.	190	18	18	0	0	4	32
14.	60	32	10	42	9	54	6
15.	223	4	8	0	12	0	7
16.	226	10	9	12	30	9	2
17.	255	0	0	24	32	14	72
18.	52	8	14	0	56	0	6
19.	591	40	6	56	25	6	24
20.	356	12	0	6	18	2	9
21.	322	64	4	48	54	72	21
22.	296	0	36	40	7	0	0
23.	620	0	7	20	1	20	72
24.	519	18	0	9	16	4	66
25.	91	15	6	48	72	8	77
26.	536	72	27	5	81	18	99
27.	46	35	24	0	16	21	16
28.	293	1	56	72	48	18	20
29.	407	49	5	0	0	10	49
30.	119	4	27	20	6	25	0
31.	335	20	0	15	4	0	9
32.	171	9	9	4	4	28	6
33.	316	14	63	32	27	8	120
34.	231	21	0	14	15	45	0
35.	326	0	54	64	2	6	35
36.	568	42	7	7	42	0	10
37.	111	0	40	10	72	12	60
38.	117	20	18	25	0	30	30
39.	428	0	49	9	3	4	45
40.	50	8	35	14	32	36	36
41.	501	56	64	16	40	5	24
42.	12	6	48	21	5	27	20

RÉSULTATS

	57	58	59	60	61	62	63
1.	18	88	90	12	22	33	15
2.	0	8	80	60	12	5	1
3.	77	16	0	50	25	21	40
4.	60	0	33	42	24	24	14
5.	16	55	10	22	56	25	5
6.	0	10	36	11	40	0	60
7.	48	55	132	30	27	20	77
8.	28	132	0	40	11	32	48
9.	48	5	14	54	66	27	6
10.	120	10	30	36	4	36	44
11.	54	99	99	0	9	16	11
12.	44	35	120	0	6	0	55
13.	6	56	108	0	14	0	2
14.	72	96	24	72	4	55	0
15.	15	45	2	121	132	20	84
16.	121	21	6	20	55	120	48
17.	144	28	0	50	54	48	12
18.	0	6	0	48	30	80	0
19.	11	72	9	36	35	0	77
20.	100	33	144	0	10	7	24
21.	36	0	36	8	48	9	45
22.	44	72	45	28	10	132	48
23.	5	70	50	24	120	54	121
24.	30	6	9	44	0	50	48
25.	63	90	0	56	24	80	24
26.	30	32	10	36	20	72	24
27.	0	27	0	27	132	90	144
28.	6	90	21	49	63	22	15
29.	0	10	100	84	35	50	72
30.	8	110	24	30	36	84	54
31.	36	12	12	5	60	77	55
32.	27	0	36	0	45	36	10
33.	132	1	30	6	2	36	28
34.	54	40	15	33	36	44	6
35.	25	30	10	132	18	11	56
36.	0	45	20	0	9	110	96
37.	55	121	6	12	0	54	99
38.	20	42	120	54	24	100	30
39.	22	48	27	60	0	0	70
40.	50	6	18	8	72	6	6
41.	16	24	110	40	77	36	72
42.	0	144	96	18	99	30	33

RÉSULTATS

	64	65	66	67	68	69	70
1.	0	64	291	546	576	102	539
2.	18	8	305	325	126	280	150
3.	56	14	240	92	99	658	152
4.	12	24	60	192	30	522	120
5.	3	20	72	200	378	330	80
6.	60	44	623	372	240	60	416
7.	16	80	312	210	210	215	456
8.	35	36	135	184	184	134	312
9.	30	33	351	246	100	837	192
10.	15	70	315	172	387	282	462
11.	60	5	585	306	480	679	184
12.	24	0	75	648	198	150	207
13.	12	132	252	111	90	195	570
14.	0	0	180	190	220	355	456
15.	45	12	308	448	204	92	664
16.	18	22	75	162	96	360	441
17.	24	12	376	522	174	390	360
18.	18	54	504	100	312	270	552
19.	10	40	390	776	98	188	280
20.	20	18	201	261	455	63	472
21.	36	6	450	75	170	44	470
22.	45	16	518	248	48	470	315
23.	11	6	48	498	328	108	78
24.	27	33	210	207	268	720	680
25.	110	24	497	488	432	873	675
26.	96	88	216	174	105	440	873
27.	22	36	162	98	288	268	480
28.	0	55	66	240	98	378	684
29.	6	90	544	144	65	282	616
30.	120	8	595	300	88	496	656
31.	0	36	78	581	264	344	230
32.	0	0	648	96	200	88	344
33.	132	40	760	252	76	448	348
34.	0	54	267	342	24	102	287
35.	33	0	448	792	54	189	648
36.	10	8	656	368	160	140	267
37.	50	20	294	256	747	540	24
38.	9	60	472	560	248	375	540
39.	108	72	266	747	552	324	296
40.	24	121	680	203	310	40	147
41.	30	36	32	376	198	552	246
42.	99	27	288	54	240	92	693

RÉSULTATS

	71	72	73	74	75	76	77
1.	432	414	255	736	182	450	207
2.	96	256	216	155	216	518	498
3.	400	270	264	264	376	162	75
4.	728	175	110	270	230	216	174
5.	155	621	225	325	192	497	488
6.	240	522	432	462	648	210	240
7.	126	180	364	130	130	544	300
8.	161	196	330	234	360	66	144
9.	472	207	672	474	150	760	98
10.	594	84	150	140	693	648	102
11.	235	108	553	104	693	78	581
12.	301	108	582	33	252	672	342
13.	290	210	513	228	132	448	368
14.	270	801	42	603	576	267	792
15.	72	144	399	396	76	266	252
16.	208	66	336	190	128	464	560
17.	184	161	196	540	72	294	256
18.	243	688	175	273	657	656	203
19.	205	146	142	585	96	32	54
20.	84	126	126	348	88	680	376
21.	24	210	100	48	92	416	208
22.	12	60	522	378	360	80	400
23.	8	315	246	220	195	664	184
24.	14	585	172	204	355	441	432
25.	88	390	190	30	330	570	72
26.	45	450	92	170	60	456	243
27.	16	291	207	576	658	207	62
28.	6	305	498	480	522	184	472
29.	36	75	648	126	102	360	240
30.	33	376	306	96	280	150	126
31.	0	72	261	387	679	470	96
32.	40	623	111	99	150	120	205
33.	27	75	448	210	837	539	235
34.	55	351	162	240	282	552	728
35.	40	312	210	184	215	152	301
36.	18	135	184	174	134	312	84
37.	312	201	192	312	44	472	161
38.	135	518	776	100	63	462	290
39.	351	504	75	98	390	456	270
40.	315	308	248	198	270	280	594
41.	585	252	372	455	188	192	12
42.	75	180	200	90	108	315	24

RÉSULTATS

	78	79	80	81	82	83	84
1.	48	470	720	2	2	9	10
2.	328	315	108	5	9	6	6
3.	170	48	44	9	1	7	5
4.	105	138	440	14	4	3	8
5.	432	456	470	7	6	3	6
6.	88	873	147	8	5	9	3
7.	98	480	496	6	8	8	2
8.	65	675	282	5	5	3	7
9.	288	416	268	2	3	7	9
10.	200	684	88	2	3	10	3
11.	264	616	324	7	2	3	3
12.	160	344	40	7	1	7	1
13.	24	348	140	4	1	8	8
14.	54	230	189	5	3	9	4
15.	76	147	448	8	7	9	2
16.	248	252	375	2	8	8	6
17.	747	693	102	6	4	9	7
18.	240	540	168	7	7	4	6
19.	310	296	92	3	7	4	8
20.	198	24	552	1	7	4	5
21.	585	513	228	8	4	1	7
22.	315	42	104	4	5	8	5
23.	522	399	33	4	6	3	3
24.	621	336	603	8	9	6	3
25.	108	196	396	3	8	8	4
26.	414	175	474	4	5	5	2
27.	376	142	140	5	3	4	6
28.	75	225	264	9	1	4	9
29.	180	432	270	9	8	1	1
30.	108	255	190	3	4	8	4
31.	801	126	540	8	3	8	9
32.	180	264	273	1	4	1	5
33.	256	110	736	1	8	1	3
34.	60	553	155	5	9	2	6
35.	168	776	576	9	5	5	4
36.	175	364	348	2	6	7	6
37.	66	100	325	6	6	3	1
38.	161	672	462	6	2	9	9
39.	196	150	48	5	7	5	8
40.	305	330	130	2	2	5	7
41.	144	522	234	9	9	2	7
42.	84	246	378	7	2	6	8

RÉSULTATS

	85	86	87	88	89	90	91
1.	6	6	6	2	6	6	3
2.	10	3	1	1	12	5	10
3.	2	5	3	6	3	6	11
4.	3	10	7	1	3	4	9
5.	2	8	2	8	5	1	4
6.	5	3	7	9	7	5	12
7.	8	5	4	6	6	9	11
8.	8	4	7	3	5	8	8
9.	9	9	7	3	5	4	6
10.	1	8	6	7	5	9	7
11.	5	7	1	4	8	2	10
12.	7	5	3	3	1	5	1
13.	6	1	3	8	1	3	7
14.	6	4	6	7	7	10	12
15.	9	7	3	5	1	2	11
16.	7	3	8	1	2	5	6
17.	5	7	5	2	10	1	9
18.	5	7	3	6	9	4	6
19.	5	1	7	3	3	8	11
20.	6	8	9	7	7	5	7
21.	3	3	2	4	8	1	4
22.	7	1	4	9	2	6	3
23.	8	5	9	5	6	8	2
24.	3	5	7	9	3	2	5
25.	9	9	8	3	3	3	8
26.	9	5	8	7	4	1	10
27.	4	8	5	8	10	7	5
28.	1	6	8	6	12	9	8
29.	3	9	2	5	7	7	9
30.	2	4	3	4	4	8	4
31.	1	4	6	1	1	5	5
32.	8	2	4	9	8	7	3
33.	1	4	4	13	4	6	2
34.	4	3	5	8	7	3	6
35.	2	4	2	7	8	9	12
36.	5	9	4	8	6	1	5
37.	4	2	1	2	2	7	8
38.	8	6	7	5	8	4	1
39.	3	1	9	4	9	2	1
40.	7	2	6	3	12	6	3
41.	3	4	1	9	7	3	9
42.	7	8	8	4	9	3	2

RÉSULTATS

	92	93	94	95	96	97	98
1.	10	2	6	6	5	10	10
2.	3	1	2	2	8	7	5
3.	10	7	3	9	1	7	4
4.	7	11	7	2	8	7	8
5.	5	10	4	8	13	9	9
6.	2	13	7	4	11	6	1
7.	1	7	8	12	6	7	6
8.	8	12	5	4	5	9	4
9.	11	2	11	7	1	4	7
10.	9	9	4	3	2	5	11
11.	8	12	9	8	11	5	4
12.	3	8	12	9	7	8	7
13.	4	5	10	4	6	2	2
14.	4	6	8	5	2	10	10
15.	6	4	9	7	7	12	3
16.	11	3	10	4	2	4	11
17.	7	1	1	11	1	3	3
18.	5	9	6	2	10	3	10
19.	4	4	1	7	5	1	2
20.	10	4	10	5	6	2	5
21.	12	2	3	6	9	9	12
22.	11	3	11	4	2	7	1
23.	12	5	3	10	6	6	7
24.	1	8	1	5	2	4	6
25.	6	6	2	9	10	13	9
26.	6	12	8	3	3	4	3
27.	8	7	1	10	7	2	11
28.	9	10	10	1	12	12	6
29.	11	8	8	8	10	2	8
30.	9	1	6	11	3	5	4
31.	12	2	11	8	10	10	12
32.	6	10	6	10	9	6	10
33.	7	6	12	1	4	3	8
34.	10	1	12	10	8	1	6
35.	7	11	12	3	12	8	1
36.	9	5	5	6	4	9	1
37.	4	10	2	9	9	8	8
38.	1	5	9	11	5	1	5
39.	5	4	5	2	4	11	5
40.	1	7	2	1	11	5	7
41.	3	3	1	5	11	12	1
42.	3	10	11	11	6	11	9

RÉSULTATS

99		100	
1.	4	1.	2
2.	5	2.	4
3.	6	3.	7
4.	3	4.	8
5.	5	5.	4
6.	9	6.	6
7.	3	7.	10
8.	6	8.	12
9.	2	9.	10
10.	4	10.	10
11.	7	11.	9
12.	1	12.	6
13.	5	13.	12
14.	12	14.	4
15.	9	15.	5
16.	11	16.	2
17.	5	17.	4
18.	1	18.	2
19.	4	19.	3
20.	12	20.	8
21.	10	21.	8
22.	12	22.	5
23.	1	23.	11
24.	11	24.	10
25.	3	25.	10
26.	10	26.	12
27.	2	27.	9
28.	5	28.	7
29.	8	29.	6
30.	12	30.	9
31.	11	31.	1
32.	10	32.	12
33.	3	33.	11
34.	1	34.	3
35.	8	35.	7
36.	6	36.	1
37.	10	37.	5
38.	7	38.	7
39.	3	39.	5
40.	7	40.	7
41.	8	41.	10
42.	11	42.	3

Printed by Amazon Italia Logistica S.r.l.
Torrazza Piemonte (TO), Italy

38434709R00067